どこでも通用する人は入社1年目に何をしているのか

原 マサヒコ
Hara Masahiko

SOGO HOREI PUBLISHING CO., LTD

はじめに

「ここでやっていけなかったら、どこに行っても通用しないよ」

20年前、かつての上司に退職願を出した時に、そう言われたことがあります。

今思えば、その上司は私を不安な気持ちにさせ、退職を阻止しようとしたのでしょう。

でも私は、あの上司の言った通りだったと感じたことは一度もありません。


そもそも、上司には転職経験がありませんでした。新卒で会社に入り出世した人です。その会社で担当している業務については優秀だったのかもしれませんが、転職やキャリアパスについてアドバイスできるほどの経験値は持ち合わせてはいなかったのです。

世のなかにはこのように根拠のないアドバイスをする人がいますが、そんなものに惑わされてはいけません。**誰が、何に基づいて言っているのかを見極めないといけない**のです。


ただ、上司が言った「どこに行っても通用しないよ」という言葉には、私も一瞬「うっ」とひるんでしまいました。それは、私にも先行きに対する不安があったからです。

「本当にどの会社でも通用しなかったらどうしよう」「どこにも再就職できなかったらどうしよう」と、少しも思っていなかったと言ったら嘘になります。

しかし、そんな不安を抱えるのは時間の無駄です。

時間を有効に使うためにも、不安を感じないほどに〝どこでも通用する人材〟になってしまえば良いのです。

しかし、〝どこでも通用する人材〟というのは、どういう人材なのでしょうか。高い学歴を指すのでしょうか。持っている資格の数なのでしょうか。どちらも違います。

今の時代は人手不足で売り手市場です。そのため、人材の流動性も高まっています。つまり、**自らをどんな環境でも成果を出せる状態にすること**こそが、〝どこでも通用する人材〟になることといえるのではないでしょうか。

そういった人材になるには、〝どこでも通用する仕事の思考〟が欠かせません。

〝どこでも通用する仕事の思考〟とは、かんたんに言うと〝最強の普遍的思考〟です。この本ではこれから、これらについて解説していきます。

また、〝どこでも通用する仕事の思考〟を持っていると、変化が著しい社会への適応力がつくという面で役に立ちます。これからあなたが転職するにしても、今の会社でがんばり続けるにしても、この考え方は活用できるはずです。

この本では特に、入社1年目の人に対して「こういう考えを持つと1年目から活躍できるよ」「早々にどんな職場でも通用する人になれるよ」と、直接アドバイスするイメージで書かせていただきました。

第1章では新人のうちから持っておくべき仕事への意識、第2章では仕事が面白くなるコツについて述べていきます。**第3章では人間関係を良好にする方法、第4章では失敗から成長する方法、第5章ではどんな会社でも通用する仕事の価値観、第6章では将来を見据えて考えておくべきこと**を解説します。各章末に「本章のまとめ」がありますから、ポイントから知りたい時や、短い時間で読みたい時などに活用してみてください。

私自身、自動車整備の専門学校を卒業しましたが、大学には行っていません。社会人1

年目は、整備工場で自動車整備士として車を直すことを仕事にしていました。

しかし、数年後、畑違いのＩＴ業界に移ってエンジニアとなったり、インターネットベンチャーでカスタマーサポートの仕事やコンテンツ制作の仕事をしたり、さまざまな経験をしました。その後、上場企業グループのマーケティング責任者を経て独立。現在は経営者として大手企業のマーケティングをサポートしています。

これらの経験を生かし、書籍を執筆したり、講演活動をしたりもしています。最近では国内だけではなく、中国や韓国などからも講演依頼をいただくようになりました。やはり、変化に適応する力というのは、どの国でも求められる普遍的な能力なのだと感じています。

このように、オイルまみれのツナギを着て、工具を握りしめていた私が、今ではマーケティング会社の経営をしながら、世界を相手に講演もしているのです。**きっとあなたも、変わることができる可能性を持っているはず**です。

〝どこでも通用する人材〟を目指して、ぜひ読み進めてみてください。

目次

第1章

仕事への意識を変えれば どこでも通用する人になれる

第2章

仕事が面白くなる5つのポイント

第3章

人間関係を良好にする7つのポイント

第4章 壁にぶつかった時に意識すべき8つのポイント

第5章

どこでも通用する人が持つべき7つの価値観

第6章

どこでも通用する人が将来を見据えて考えておくべきこと

DTP：横内俊彦
本文デザイン&装丁：木村勉
校正：菅波さえ子

第1章

仕事への意識を変えれば どこでも通用する人になれる

knowledge 1

社会人とアルバイト・インターンの違いは？

プロとしてどう行動するべきか

これから社会に出て仕事をするといっても、「アルバイトはしたことあるし、そんなに変わらないだろう」と思う人も多いのではないでしょうか。

かくいう私も、学生時代は車が好きだったので、ガソリンスタンドでアルバイトをしていました。アルバイトをする目的は、自分の車のガソリンを少し安く入れられることが一番でした。ほかにもガソリンスタンドを選んだ理由を挙げるとするならば、「時給が良い」とか「家から近い」とかでしょうか。ほかのバイト仲間に聞いても同じようなことを言っていたので、学生がアルバイトをする目的はそういった点に集約されるのではないでしょうか。

しかし、社会人になって仕事をするというのは、アルバイトとして働くのとは大きく違います。単に契約形態が正社員かアルバイトかという違いでもありません。**会社に所属して仕事をするというのは、考え方としてまったく違うものなのだ**ということを、まずは理解しなければいけません。

まず、何がまったく違うのかを真っ先に書くとするならば、**プロとして働く**ということです。

たとえば、今まで部活でサッカーをやってきたとします。部活なので、たまに休みたいと思うことがあれば休めたと思います。もちろん、試合に出る時もあるでしょうが、体調が悪い時は代わってもらえたでしょう。

しかし、これがプロのサッカー選手だったらどうでしょうか。「二日酔いで調子が悪いので休みます」などと言っていては、当然ながら試合に出られません。試合に出られないどころか、年俸は下がってしまうはずです。挙句の果てには、契約解消にもなってしまうでしょう。

試合に出たい人はほかにもいますし、プロになりたい人も山ほどいます。だから、試合に出て良い結果を出すためにも、自らのコンディションを整えるのは当たり前のことなのです。

社会人も同じです。試合開始のホイッスルが鳴ったら全力で走っていくように、**始業時間から終業時間まで、つねにパフォーマンスを発揮していかなければいけません**。そのために、試合に向けてベストなコンディションを維持する。風邪をひかないように予防するのはもちろんのこと、飲みすぎて二日酔いだとか、夜更かしをして眠いだとか、そんなことを言うのは〝プロ〟ではありませんよね。

そうは言っても、「いやいや、できていない人は多いじゃないか」と思うでしょう。電車に乗れば、うなだれてイビキをかいているビジネスパーソンがあちらこちらにいます。二日酔いで頭が痛いと言っている課長もいるでしょう。できて当然のことをしない人のほうが多いのです。だからこそ、**この基本を徹底できる人は強い**のです。それだけで大きな違いを見せつけることができるはずです。

インターンは勤務経験にはならない

そしてもう1つ。インターンシップ制度に参加した人もいるかもしれません。

インターンシップ制度とは、企業側が学生に就業体験の場と機会を提供して、そこに学生が参加する制度です。5日間から長くて数年くらいの期間がありますが、インターンを経験したからといって、会社で働いたことがあるような感覚になってはいけません。

会社としても、学生に機密情報を見せるわけにいかないので、重要な仕事などは任せられません。ですから、仕事の内容についてざっくりと伝えたり、社員がどんな気持ちで働いているかをフワッと理解してもらうようなプログラムを用意していたりします。つまり、ほとんどが実際の〝仕事〟ではないのです。

インターンの目的はマッチングです。会社の雰囲気を少しでも知ってもらい、入社してから「思っていたのと違う！」とギャップが生じないようにしなければいけません。入社してすぐに辞められてしまうと、会社側としては採用活動に時間とお金をかけていますから、大きな損失になってしまうのです。

会社で社員がやるべきことは、成果を出すことです。

会社は継続的に事業をして、存在していかなければいけません。そのためにも、利益を出し続けなければ潰れてしまいます。しかし、インターン生にそこまでの成果は求めません。目的はマッチングだからです。インターンに参加することと、実際に働くのでは目的が違うわけですから、そこで働いた気にならないようにしなければいけないのです。

もうおわかりかと思いますが、会社で働く社員は、利益を出すことを何よりも求められています。利益を出す社員を育成するために、会社は研修やＯＪＴ（オン・ザ・ジョブ・トレーニング。実際の業務のなかで上司や先輩社員から教育を受けること）をしています。ですから、**会社に利益をもたらさない社員は、言ってしまえば〝余剰コスト〟**なのです。

利益を出して自分の仕事を全うしなければいけません。

knowledge 2

仕事とは価値を提供すること

仕事に正解はない？

皆さんは小学校から学校に通い始め、人によっては大学にも通い、社会に出るまでの間ずっと勉強を頑張ってきたかと思います。それぞれの学校で授業を受けて、さまざまなことを学び、試験を受ける。そして、その試験で正解を見つけ出し、正答率が高ければ合格となり、低ければ不合格にもなったでしょう。皆さんは多くの〝正解を出すための勉強〟をしてきたわけです。しかし、仕事をするうえでこれまでと大きく異なるのは、**仕事には**

正解がないということです。

もちろん、最初に上司は仕事を教えてくれます。しっかりとした新人教育をしてくれる会社もあるでしょう。しかし、そこで教わったことだけやっていれば良いということではありません。もっと言えば、**上司が教えてくれることや研修で教わる仕事のやり方だけが、必ずしも正解だというわけではない**のです。あくまで、今まではこうやってきたという1つの例でしかありません。その点はしっかりと意識しておく必要があるでしょう。

仕事は自分で考えて、答えを求め続けていくもの

剣道や茶道などの世界では、昔から修業における段階を示した〝守破離《しゅはり》〟という言葉があります。

〝守〟は、師匠や流派の教え、型、技を忠実に守って確実に身につける段階のこと。

〝破〟は、ほかの師匠や流派の教えについても考え、良いものを取り入れ、心技を発展させる段階のこと。

〝離〟は、１つの流派から離れ、独自の新しいものを生み出し確立する段階のことを指しています。

仕事を始める際に教わることはまさに〝守〟なので、しっかりと身につける必要があります。ただ、それがすべてではありません。〝破〟や〝離〟の段階では、自分で考え、答えを見つけていかなければいけません。

仕事を覚えてある程度の時間が経つと、上司によっては「どうしたら良いと思う？」と聞いてくる人もいるでしょう。そこで思わず、「そんなのわかりません。教えてくださいよ」と聞き返したくなるかもしれません。しかし、それはつまり〝守〟の次を求められているのです。**仕事とは、そうやって段階を踏んでステップアップしていくもの**なのです。

仕事は、試験のように正解があって、その正解を当て続けていけば勝手に出世して潤っていく世界ではありません。正解だけを当てていくのであれば、誰もがとっくに正解を導き出して、全員がお金を儲けているはずで、なんの苦労もいりません。

〝守〟をしっかりと身につけ、〝破〟で自らを磨き、〝離〟で正解のない答えを求めつつ、その時々に最適だと思うことをためしながら、多くの人は日々の仕事をしているのです。

仕事のゴールは、相手に価値を与えること

もう少し整理して、学生時代の勉強と、社会人となってからの仕事を比べてみましょう。

学校の授業や問題集では、教師から課題が与えられ、決まった答えがあります。

しかし仕事では、何が正解か決まっているわけではありませんし、そもそも課題を自ら見つけてくる必要があります。

ビジネスというのは〝誰かの課題〟を解決して対価をいただくものです。ですから、自ら課題を探し出して、解決手段を見つけなければいけない場面がたくさん出てくるのです。

また学校では、すべての授業が時間割に沿って行われています。

一方、仕事では、始業時間や終業時間こそあれど、何にどのくらいの時間を使うのか、自ら時間配分をしていかなければいけません。そして、同じ作業をするのであれば、可能な限り短い時間でより多くの作業をこなさなければいけません。

さらに、学校では試験の得点で評価されますが、仕事には得点制度などありません。もちろん、営業の仕事で数値的ノルマが課せられたり、社内の人事評価制度などで上司から一定の点数をもらわないといけなかったり、そういった評価制度はあるでしょう。しかし、それらは表面上の数値であり、そこがゴールになってしまってはいけません。

目指すべきは、**いかに周囲に対して価値を提供できるか**です。

つまり、上司にどれだけ役に立つ部下だと思われるか。会社にとって、どれだけ優秀な社員だと感じてもらえるか。そして、お客さまにどれだけ価値のあるサービスだと喜んでもらえるか。こういったことなのです。

そうやって**上司や会社、お客さまに価値を提供していくことで、私たちは評価されていく**のです。ここのとらえ方を間違ってはいけません。

knowledge 3

入社1年目が使うべき、最強の武器とは

会社が新入社員に期待することは何か

会社に入ってすぐは年齢も一番下で、仕事の内容も何もわからず、「まだ何も力を発揮できない」と思うかもしれません。

しかし、新入社員だからこそその武器があります。それは単純に元気であるということです。

皮肉な話ですが、社会に出ると多くの人が忙殺されて疲れてしまいます。新入社員は、

スポーツの試合でいえば、途中から投入された交代選手のようにフレッシュです。ですから、まずは**元気よく挨拶をしたり、礼儀正しくお辞儀をしたりするだけで良い**のです。「それだけ？」「いくらなんでも単純すぎる」と思うかもしれませんが、挨拶は非常に重要です。元気な挨拶が、社内を活気づけることにつながります。会社組織にフレッシュな空気が入ってくること、それ自体に意味があるのです。

会社としても、新入社員にいきなり「案件を獲得してほしい」などと無茶な期待はしておらず、とりあえずは職場が明るくなることを期待している人が多いものです。しかし、最近は〝挨拶をしない新入社員が多い〟と嘆く上司が増えていると聞きます。なぜ挨拶ができないのでしょうか。

知人の若手社員などに話を聞くと「挨拶をしたところで、仕事ができるようになるわけじゃないですよね」という冷めた意見をいくつか耳にしました。今の若者っぽい意見だとも思いますが、これは大きな間違いです。

挨拶は、**今すぐに結果を出すことができない新人だからこそ、せめてやるべきこと**なのです。必ずしも仕事に直結するわけではありませんが、同僚と信頼関係を築こうと考えたら、当然のように必要なことなのです。

誰にでも挨拶をしよう

ためしに、挨拶がどう仕事に影響するか見てみましょう。

実際に聞いたことがある話ですが、ある企業でエース部署と呼ばれる部署がありました。そこにはベテランの優秀な営業マンたちが所属しており、成果を挙げ続けて、会社を引っ張っていくような存在の部署でした。ある時、その部署に引き抜かれた新人がいました。その新人はまだ何も成果を挙げていません。そこで引き抜きをした部署のリーダーに「なぜあの新人を引き抜いたのですか?」と聞くと、「会社のロビーでいつも元気よく挨拶をしてくれるから」と答えが返ってきたのです。

ここも1つのポイントですが、挨拶は同僚や直属の上司だけではなく、**誰にでも挨拶をする**ということが重要です。自分が所属している部署の部長や課長だけでなく、ほかの上長にも、同僚にも、清掃員や警備員にも挨拶をしましょう。

たまに、自分の上司にはヘコヘコするけれど、利害関係のない人にはまったく見向きもしないという人がいますが、見る人は見ているものです。

前に、社長が覆面清掃員になって自分の会社に潜入するというドキュメント番組を見たことがあります。その番組でも、優秀な社員は清掃員にもしっかり挨拶をし、誰に対しても同じように接していることがわかりました。

子どもの頃は、誰に対しても元気よく挨拶をしていたはずです。そういった姿勢を忘れることなく、オフィス内の誰にでも同じように元気よく挨拶をしていきましょう。

なかには「挨拶をしたけど無視された。怖くてもうしたくない」という人もいました。しかし、**たとえ無視されたとしても挨拶をし続けるのが道理**なのです。

また、現代では「WEB上で自分のことを発信することが大切だ」とよくいわれます。SNSが発達していますので、SNS上で面白いことをやろうとしたり、フォロワーを稼ごうと尖ったことをやる人もいるでしょう。

もちろん、個の時代なのでSNSを活用することは大切です。しかし、**社会人として一**

番大切な〝発信〟は、まず目の前の人にしっかりと挨拶ができることです。どんなにフォロワーがいるインフルエンサーであろうが、どんなに実力がある芸能人であろうが、この点を必ず押さえていなければ成功できません。

まずは挨拶やお辞儀など、当たり前のことをできるようになりましょう。つまり、ここで重要なのは、当たり前のことを当然のようにするということです。

こういったやって当たり前のことすらできなくなっている人が多い組織では、**当たり前のことができるだけでほかの社員よりも高い評価を受けられる**ともいえるでしょう。

knowledge 4

"時間"に対しての考え方

時間を守らないことは罪である

もう1つ、新入社員ならではの武器があります。それは、**時間を必ず守ること**です。これも挨拶と同じ話で、入社してすぐに数億円のビッグプロジェクトを担当することは難しくても、決められた時間までに出社することは誰にでもできるはずです。また、待ち合わせ場所に予定の時間までに必ず行ったり、決められた日までに出さなければいけないものを提出したり、リモート会議で開始時間前にログインして待機したりすることなどもそうです。
学生時代は夜遅くまでゲームをしてしまい、朝起きるのが遅れて「2時限目から出よう」と考えたこともあったでしょう。友人との待ち合わせに遅れ、待たせてしまったこともあったかもしれません。しかし、社会人として仕事をするうえでは、時間に対する考え方は大きく変えなければいけません。

考えなければいけないのは、決められた時間に遅れてしまうと、**相手の時間を奪うことになる**ということです。

ビジネスでは自分だけでなく、相手の時間にもコストがかかっています。自分が遅れることで、誰かが大きく損失することになるのは、まさに時間泥棒。犯罪級にマズイことなのです。

ところが、ある企業では「今年入った新人は遅刻ばかりで困る」というような声を耳にします。これは非常にもったいない。なぜなら、時間を守るという〝ほんの小さな義務〟で既にミスを犯しているわけです。

新人は、まず小さな仕事から徐々にためされていくものです。そこで問題がなければ、だんだんと大きな仕事へと移行していきます。

それなのに、時間に遅れる新人に対して、上司や先輩たちはどう思うでしょうか。きっと「この新人は、このくらいの仕事でもこれだけ遅れてしまうのか。だったら、あまり大きな仕事はまだ任せられないな」と判断してしまうはずです。

一方で、なかなか大きな仕事を振ってもらえない新人は「大きな仕事が回ってこなくて雑用ばかり。全然面白くないな。転職しようかな」などと考えてしまうのです。これは大きな誤解です。**大きな仕事を任せてもらえないのは、あなたの日々の行動に原因がある**のかもしれません。

待ち合わせの何分前につくのが最適か

では、〝理想的な時間の守り方〟というのはあるのでしょうか。

たとえば、仕事でよくあるのがアポイントメントです。待ち合わせ時間には何分前に着くのが正しいでしょうか。3分前までに着いていれば大丈夫でしょうか。ギリギリだとリスクがあると先ほど書きました。では、10分前には着いていれば安心でしょうか。

一般的には5分前くらいが多いのではないかと思いますが、私は遅くとも1時間前には行くようにしています。もちろん、その前のスケジュールにもよりますが、可能であれば2時間前や3時間前など、かなり前のめりで行くこともあります。

5分前に着くようにすると、スマホで乗換案内の時刻表を気にしながら、時間ギリギリに会社を出ることになります。それでは何も良いことはありません。ギリギリの行動スケジュールにしてしまうと、電車が少しでも遅れたらアウトですし、肝を冷やしてしまいます。タクシーだとしても、渋滞に巻き込まれる恐れがあります。遅れることを連絡するのも面倒です。

では、前のめりに1時間以上も早く待ち合わせ場所に着いて何をするか。私は、近くのカフェやベンチなどで仕事をすることが多いです。待ち合わせのギリギリまで時間を有効に使うのです。「それならオフィスを出る直前まで仕事をするのと同じじゃないか」と思うかもしれませんが、実は〝**時間の質**〟が違います。

オフィスで「あと10分後には出ないと電車に間に合わない」なんて思いながら仕事をするよりも、現地に行ってあとは待ち合わせ時間までに歩いて行くだけという状態で仕事をするほうが、**余計な心配事が少ないため、集中力も高まる**のです。また、早く着いて仕事をするだけではなく、近くに書店がある場合には立ち寄って情報収集の時間にすることもできます。

では、リモート会議の場合はどうでしょうか。リモートだからといってギリギリまで自分の時間を過ごして良いわけではありません。

ログインしたは良いけれど、マイクがつながっていなかったり、イヤホンの設定が違っていたりすることで、開始が遅くなってしまうのもよく見る光景です。せめて開始時間の3分前までにはマイクやカメラのチェックを済ませ、全員が揃ったらすぐに会議を始められるようにしましょう。

knowledge 5

資格を取る前に考えるべきこと

資格を取ってやるような仕事はなくなる

ChatGPTなど生成AIが普及してきました。使ったことがある人も多いのではないでしょうか。すでにホワイトカラーの仕事では生成AIが活用される場面も増え、人間の役割が置き換えられているところも目にするようになりました。

AIが普及すると人間の仕事が機械に置き換えられるという話は、もともと2014年

【図1】 消える可能性がある職業

自動化される可能性90％以上

生産労働者すべて	販売員	数理技術者
企業の一般職	税務調査官	不動産鑑定士・宅地建物取引士
会計士・監査役	不動産ブローカー	歯科検査技師
保険販売代理店	秘書	ゲーム・スポーツ本のライター
受付・フロント	料理人	モデル
ウェイター・ウェイトレス	審判・レフリー	運転手
ネイリスト		

自動化される可能性１％以下

医師	セールスエンジニア	コンピューターシステムアナリスト
人事の管理職	人類学者・考古学者	心理学者
臨床心理士	カウンセラー	作業療法士
言語聴覚士	看護師	ソーシャルワーカー
キュレーター	メイクアップアーティスト	管理栄養士
アスレティックトレーナー	教師	役者
聖職者	警察の最前線における管理職	

マイケル・A・オズボーン博士『雇用の未来』をもとに作成

にオックスフォード大学のマイケル・A・オズボーン博士が発表した論文『雇用の未来』をきっかけに、世界中で話題にされるようになりました。

オズボーン博士が来日した際、私も講演に参加して話を聞く機会がありました。すると、『雇用の未来』を書いて以降もAIやロボットは進化しており、アメリカだけではなく中国など世界各国で〝置き換え〟は進んでいる、という話が出ました。そのなかでも印象的だったのが「**資格を取ってやるような仕事は、特にAIやロボットに置き換わる**。自動化される可能性が高い」という話です。

皆さんのなかには、会社に入ったら何か資格を取って活躍したいと考えている人もいると思いますが、資格というもののとらえ方を見直す必要があるかもしれません。

特に、将来のために資格を取っておこうと、好きでもない勉強をする人をよく見かけますが、やがてその資格に匹敵するような知識や力を提供するAIが誕生するはずです。ですから、**好きでもない資格取得のための勉強であれば、やらないほうが良い**のです。

私もこれまでにいくつもの資格を取得してきましたが、仕事で役に立つものもあれば、思いのほか役に立たないものもありました。

結局、資格とはあくまで1つのバロメーターなのではないでしょうか。**何かをするための手段であり、目的ではないので、資格を取ることをゴールにしてはいけない**のです。

その資格を取る意味があるかどうか

これは学歴でも同じことがいえると思います。志望する職業に就くため、社会に出てやりたいことをやるために大学で勉強をするわけですが、大学に入学することや大学を卒業することが目的になってしまうと、社会に出てから何もできなくなってしまいます。

資格にしても、その資格を取ることでお客さまへの説得力が増して営業活動に拍車がかかるとか、その資格を取ることで担当できる業務が増えて成長するなど、仕事で成果を出すための手段として資格があるならば良いと思います。しかし、「将来が不安だから何か資格を取らなきゃ」とか「持っている資格の数を増やしたいから次は何を取得しようか」などと考えて資格を取るのは、はっきり言って意味がありません。

ただし、すべての資格がダメだというわけではなく、次のような場合には資格を取る意味もあるのではないかと考えます。

●効果的に学習する必要がある場合

仕事で必要に迫られ、なんらかのジャンルを学ばなければいけない時があります。資格試験の問題集は特定のジャンルの勉強方法が体系的にまとめられているので、資格を取ることが、すなわちその分野の勉強を効率よくやる方法だという側面もあるでしょう。

●やりたいことを意思表示する場合

自分が興味を持っている分野で、会社の別部署や別チームがその業務を行っているという場合、そこに異動するための意思表示として資格を取ることもよくあるパターンです。これは転職なども同様で、未経験の分野に挑戦する場合でも、ただやってみたいという人より、「経験はありませんが、資格を取りました」という人のほうが採用されやすいのです。これは、〝きっかけをつかむために努力を重ねてきた証明書〟ともいえるでしょう。

●やってきたことへの棚卸しの場合

仕事でさまざまなことを経験し、ひと通りの知識を得たという時に、それらを総括する意味合いで資格を取るというのもアリかもしれません。たとえばプログラマーがPython《パイソン》という言語を覚え、システムを構築し、安定的に運用するレベルまで達した時、Python習得の総括として「Pythonエンジニア認定試験」を受ける、などです。

取得してもなんの影響力もない資格もあります。それは資格試験の受験料で儲けようとする利権が絡んだ話である場合もあるのですが、そういったもので時間やお金を無駄に消費してほしくないと思うのです。長い人生を踏まえて資格取得を選ぶことがベストであれば、それを目指すのは良いと思いますが、「資格さえ持っておけばとりあえず安心」などと考えてしまわないようにしましょう。

無駄な資格取得をするぐらいなら、自分が得意だと思うものや好きなことに注力したほうが良いでしょう。10年後、20年後などを視野に入れた長期的な視点で、自分の人生を最適にするためにはどうすれば良いかを考え、目の前の時間を使っていきましょう。

knowledge 6

〝習慣化〟を身につけよう

歯磨きレベルでできるようになれ

会社に入って、自らの能力を高めて成長していきたいと考えるのであれば、〝最強のソリューション〟となるのは**習慣化**です。

習慣とは、これまでの記憶の積み重ねによって当たり前の状態になることを指します。

たとえば、寝る前に歯を磨くという行動は、毎晩のように「これから歯を磨かないと虫歯になって痛みに苦しんでしまい大変だ」などと考えて行動に移すのではなく、自然に

「さあ、磨くか」と体が動いている人がほとんどだと思います。これはつまり、子どもの頃から親に歯磨きをするように言われてきたとか、虫歯になり痛い思いを経験したことで、歯を磨くという行為が習慣化されていったわけです。

この習慣化というのは薬にも毒にもなります。皆さんはダイエットの経験があるでしょうか。甘いものが大好きな人は毎日のように甘いものを食べることが習慣となり、気がつくと体重が増えていたり、病気にかかりやすくなったりしています。逆に、走ることが大好きで毎日ランニングをする習慣がある人は、理想の体重を維持して健康的にすごします。

これは仕事も同じことなのです。私たちが仕事で発揮する日々のパフォーマンスに影響するのは、つまるところ習慣なのです。**ある日突然、何か大きな成果を出せるということはまずあり得ません。それまでの日々の習慣があるからこそ、ここぞという時に大きな力を発揮することができる**のです。ですから、我々が意識しなければいけないのは日々の習慣として何をするかなのです。

習慣化することで3つの力がつく

では、仕事に影響する日々の習慣は何か。仕事に関連する本を読むとか、仕事に関係する勉強をするとか、仕事に備えて体調を万全にするなどといったことです。

習慣化するということは、言い換えれば外的な要因に左右されることなく自分を貫くということでもあります。自分で決めたことを他者からの影響を受けることなく、淡々と続けていく。そうすることで大きなメリットを得られるのです。

習慣化による大きなメリットを3つ挙げます。

①行動するための労力を必要としなくなる

習慣化されると、その行動は生活リズムに組み込まれ、自然と行われるようになります。すると、その行動の際に「重い腰を上げる」というひと手間が省かれるため、実行までの流れが効率化され、労力を抑えることにつながります。

②気づくと目標達成に近づいており、自信につながる

習慣化された行動がなんらかの目標とリンクしている場合、労力を抑えながら目標に近づいていくことになります。そして、自然に行動を継続できたことによる成果が可視化されていくと、自信にもつながっていきます。

③自分の軸が明確になることで、自らを客観視できるようになる

習慣化されると、外的な要因に左右されることがなくなり、「自分はこれをやるんだ」という軸が明確になるため、その軸からぶれていないか自分の状態の良し悪しに気づきやすくなります。つまり、自らを客観視することができるので、どんな時でもベストパフォーマンスを出すための指標になります。

誰でもできる3つのポイント

習慣化のメリットがわかったところで、どうやってその習慣を身につければ良いでしょうか。次に誰でもかんたんにできる3つのポイントを挙げてみましょう。

①周囲に宣言する

「習慣化させるぞ」と初めは息巻いていても、時間の経過とともに熱も冷めてしまい、やめてしまう人も多いでしょう。まずは初めの勢いを維持するためにも、習慣化したいことがある場合は具体的に周囲に宣言してしまうのはどうでしょうか。

Xや Instagram、Facebook などのＳＮＳで発信したり、同期や友人とどのくらい継続できるかを競ってみるなど、自分以外の誰かを巻き込んでしまうのも有効な手段です。

②少しずつ取り組む

たとえば「1日1冊本を読むことを習慣にするぞ」と言っても、それまで本を読む習慣がなければ、最初はうまくいかないでしょう。なぜなら、人間の脳はもともと大きな変化に対して拒否反応を起こすようにできているといわれているためです。

読書の習慣を身につけたいのであれば「まずは1日10ページ読もう」などと少しずつ取り組むようにして、脳を慣らしていくのが理想的だといえます。

③仕組みをつくって定着を図る

たとえば、毎日のランニングを習慣化したい場合、次のように**意識をし、行動を促し、そして報酬を与える**といった一連の流れを仕組みにすることも習慣化には有効です。

意識……手帳に「19時からランニング」と書いておき、目に入るようにしておく
行動……19時になったらスマホのアラームが鳴り、ランニングに行くことを通知
報酬……走り終わったら、好きなテレビ番組を観るなどの報酬を用意しておく

行動が習慣化されるには、平均で66日ほどかかるといわれています。これらのポイントを取り入れながら、まずは2カ月の継続を目指して取り組んでみましょう。

本章のまとめ

- プロとしてコンディションを整え、成果を挙げよう
- 仕事の正解は1つではない。
誰かの課題を探して解決してあげよう
- 〝誰かの課題〟を解決して、
相手に価値を提供することがビジネス
- 当たり前のことを当然のようにできるようになろう
- 必要ない資格の取得に費やす時間を見直そう
- 行動の〝習慣化〟を身につけると成長しやすくなる

第2章

仕事が面白くなる5つのポイント

knowledge 1

成長には〝目的意識〟が必要

やらされている人と、目的意識を持った人の違い

皆さんが仕事を覚えていく過程では、上司から仕事の指示が降りてくるはずです。しかし、それは、会社全体で行う業務の大きな流れの一部でしかありません。どんな仕事にも〝背景〟があり、達成すべき大きな目的に沿って行われます。ですから、**仕事を指示された際には、この仕事が何を目的としていてどんな背景があるのかを意識する**必要がある、ということを頭のなかに置いておいていただきたいのです。つまり目的意

識ですね。

目的意識がなければ、なんのためにその仕事をしているのか理解しないまま、ただ手を動かすだけの〝作業〟になってしまいます。こうなると責任感も芽生えず、だんだんと「やらされている」という気持ちになっていき、**仕事に対する意欲がなくなってしまう**のです。

この動きをわかりやすく表している寓話として「３人のレンガ職人」というお話があります。

「３人のレンガ職人」

ある旅人が、真夏の炎天下、とある町を通りかかりました。町に入って少し歩いたところで、１人のレンガ職人が汗だくになりながら仕事をしていました。

旅人は、「こんなに暑いのに大変だねぇ。何をされているんですか？」とレンガ

職人に声をかけました。

するとレンガ職人は、「見ればわかるでしょ。レンガを積んでいるんですよ。ほんとこんなに暑いのに大変だよ！」とぶっきらぼうに答えました。

旅人は、レンガ職人に「ご苦労なことだね。頑張っておくれ」と慰めの言葉を言って、また歩き出しました。

またしばらく歩くと、別のレンガ職人が仕事をしていました。

旅人は、そのレンガ職人にも声をかけました。「大変だねぇ。何をされているんですか？」

するとレンガ職人は、「レンガを積んで壁をつくっているんですよ」と答えました。

旅人は、「こんなに暑いのにご苦労なこったねぇ」とレンガ職人を労いました。

するとレンガ職人は、「確かにね。でも、こうして働かないと家族を養っていけないんでね。仕方ないさ」と返してきました。

旅人は、「そうかい。大変だねぇ。頑張っておくれ」と言って、また歩き出しました。

またしばらく歩くと、別のレンガ職人が仕事をしていました。
旅人は、また「大変だねぇ。何をされているんですか？」とレンガ職人に声をかけました。
すると、そのレンガ職人は、「教会をつくってるんですよ。この町の人たちの心に、安らぎとよりどころを与える教会をね！」と、嬉しそうに答えました。

この寓話は、**やらされている人と目的意識を持った人の違い**を表しています。同じレンガを積むという仕事にもかかわらず、３人の職人はそれぞれ仕事のとらえ方や意欲が異なります。

１人目のレンガ職人は、単にレンガを積むという作業をしているだけで、目的もわからず愚痴をこぼしていました。

２人目は、家族を養うお金を稼ぐためにレンガを積む仕事をしていました。目的意識こそありますが、自分のための目的になっています。

【図2】 3人のレンガ職人の話

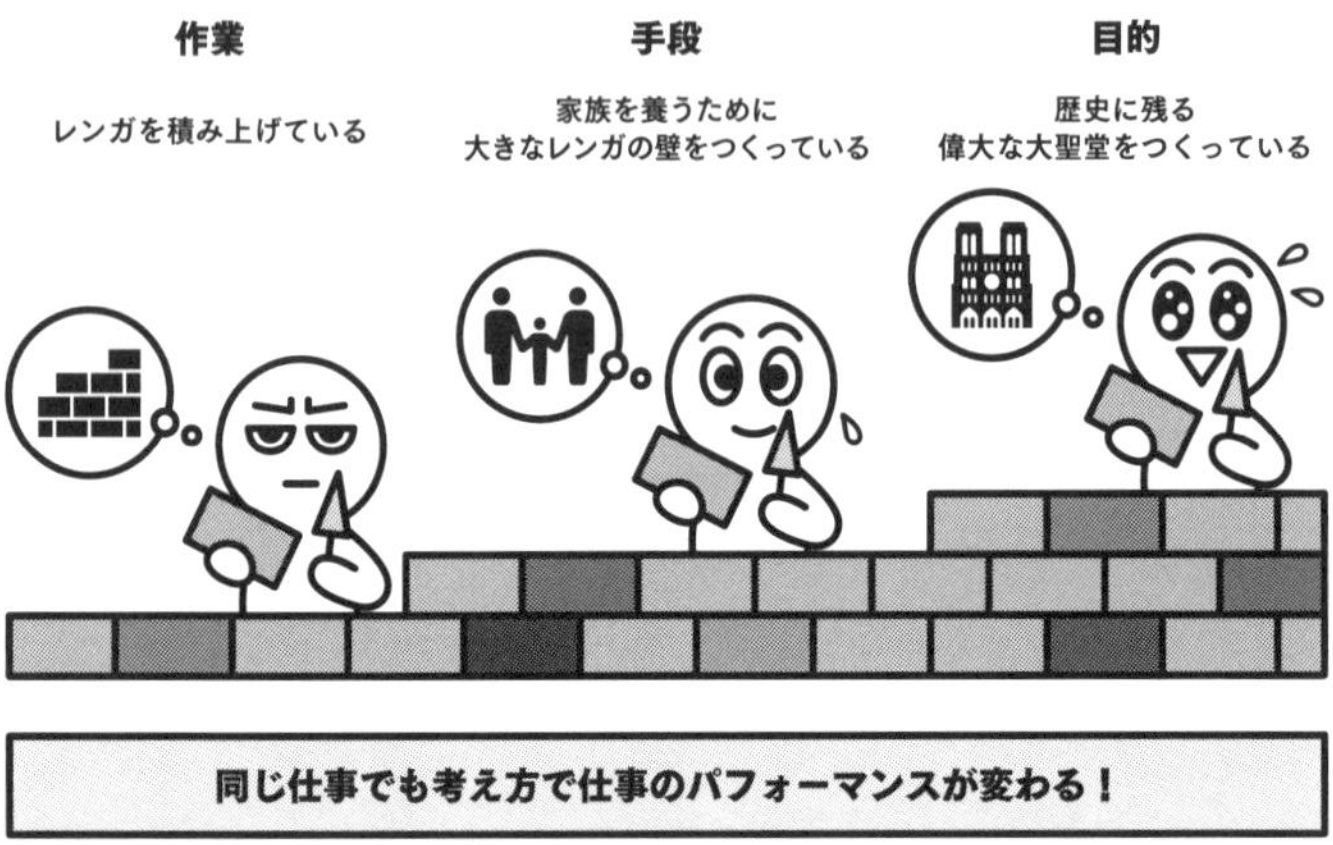
作業
レンガを積み上げている
手段
家族を養うために
大きなレンガの壁をつくっている
目的
歴史に残る
偉大な大聖堂をつくっている
同じ仕事でも考え方で仕事のパフォーマンスが変わる！

そして3人目は、その仕事が社会でどう役に立つのかという目的を理解し、自分の仕事に誇りを持って、完成した教会をイメージしながら嬉々として働いていました。

つまり、1人目は仕事を作業としてとらえ、2人目は仕事をお金を稼ぐ手段としてとらえ、3人目は仕事にやりがいを感じながら働いていました。この違いを生んでいるのが、目的意識の違いだというわけです。この3人の職人のなかで、どの仕事のとらえ方が望ましいかは、言うまでもありません。

皆さんも、会社に入る前は目的意識がはっきりしないまま受験勉強や習い事をしていたことがあったかもしれません。「親にやれと言われたからやってきた」「とりあえず良い学校に行けと言われた」という感じで。そうして「やらされている」という感覚を持つようになると、１人目のレンガ職人のようにやる気がなくなってしまうのです。

このように、**仕事に取り組む際に目的意識をしっかりと持つことで、仕事が楽しくなっていき、自分自身も成長できる**良いきっかけになるのです。

目的意識を持つためには

目的意識を持つためには、上司に質問をするという行動が大切です。

とはいえ、上司から仕事の指示がくるたびに「これってなんのためにやるんですか？」などと聞いてしまうのは、あまりにも上司に甘えすぎています。

何もかも上司に相談して答えを得ようとしてはいけません。逆にやる気がないと思われてしまったり、「いいから黙ってやれよ」などと怒られてしまうかもしれません。

ですから、まずは「承知しました」と素直に受け入れて、「この仕事の目的はなんだろう」と考えてみましょう。それでも、目的が明確にわからない場合には、「すみません。先ほどの資料ですが、なんのために使うものかおうかがいしてもよろしいですか？」などと追加で質問をすると良いでしょう。

情報が足りない場合や、もっと詳しく理解したい点がある場合にこそ、上司に積極的に相談してください。そして、**ヒントを得たら自分で考える**ということを何度でもしましょう。

こうすることで、目の前の問題を自ら解決しようとする意識が働き、積極的に行動できるようになっていきます。また、自分で考える習慣ができたら、今後は同じような指示が出てきた時に、すぐに背景や目的が理解できるようになります。

この状態になるとモチベーションは高くなり、速やかに目の前の仕事に取りかかることができるようになるでしょう。加えて、いろいろなことを学ぼうとする姿勢から、上司にも熱意を評価してもらえるはずです。

慣れてきたら、自分自身にも問いかけてみてください。たとえば次のような感じです。

「私の仕事は、他人や社会にどんな喜びをもたらすだろう？」

「私が取り組むこの仕事は、未来の自分のどのような喜びにつながっているのだろう？」

すぐには明確な答えが浮かばないかもしれません。それでも、こういった**問いを続けていくうちに、だんだんと答えが見えてくるようになる**ものです。

knowledge 2

書くことで頭のなかを整理する

紙のメモは人間の脳の働きを助ける

皆さんの世代では、若いうちからスマートフォンを使っていると思います。ですから、紙にメモをとることがほとんどないかもしれません。

しかし、実は紙のメモには、人間の能力を補う良い点が多くあります。私としては、社会人になったからには積極的に紙でメモをとっていただきたいと考えています。

では、紙のメモの良い点を見てみましょう。

①タスクを忘れない

手書きでの記入には、脳の記憶力を補助する効果が期待できます。

仕事をしていると、タスクなどのやるべきことを忘れてしまうことがよくあります。たとえば、書類を取りに行こうと思って歩き始めたのに、途中で「何を取りにきたんだっけ？」と忘れてしまう、といった感じです。作業の途中で誰かに話しかけられたり、何かを考え始めたり、別のことをしようとすると、最初にやろうとしたことを忘れてしまうのです。

このように、私たちの記憶力は、自分ではコントロールできない部分が多々あります。これは年齢を問わず、誰にでも起こることです。たった1つのことでも確実に覚えておくことが難しいのに、**数多くのタスクをずっと意識し続けることなど不可能**です。期限直前になって慌てたり、同僚に迷惑をかけないためにも、仕事の基本であり必須事項として、紙にメモを取りましょう。

②可視化して、頭の外にデータを移せる

タスクやアポイントメントなどの用件を**頭の外で可視化するためにもメモを取りまし**

ょう。

皆さんが仕事に慣れてくれば、タスクの数は増えていくのが当然の流れです。また、仕事の内容によっても異なりますが、忙しい人ほどタスクが多いのです。

でも、そんなに多くのタスクを、都合の良い時にだけうまく思い出せるはずがありません。

ほかにも、あるタスクに取りかかっている時に、ほかのタスクのことが気になって集中できなかったり、逆に、思い出さなくても良い時に、余計なことを思い出してしまって集中力が散漫になる場合があります。こうなると、焦っているわりには仕事が進まなくなり、仕事の効率としても良くありません。

ですから、自分の頭で覚えておこうとするのではなく、紙にメモを取りましょう。そうすることで、まるで、**外づけのハードディスクに一時的に保存させておくようなことができる**わけです。

③ブラッシュアップして、より良い内容を生み出せる

アイデアはゼロから生まれるのではなく、異なる要素のかけ合わせであるとよくいわれます。まさに、メモによる言語化で、かけ合わせがしやすくなる土台をつくることができるのです。**気になったことや頭に浮かんだことをどんどんメモする習慣をつけることで、クリエイティブな発想が生まれやすくなります。**

仕事をしていると、誰しもが頭のなかで「こうしたほうが良いのでは」とか「こんなサービスがあると良いかも」といったアイデアを思いつきます。

それらを紙にメモしておくと、１つの情報として認識できるようになります。そうすると今度は「もっとこうしたほうが良い」といった改善策も考えることができるようになっていくでしょう。時には、メモに書いた図や文字を眺めているだけで新たなアイデアが浮かぶこともあるのです。

④自分自身や状況を客観視できる

私が勤めていた職場に、尊敬する先輩がいました。その人はどんな状況でも冷静に判断して的確な指示を出していました。その先輩に、「どうしたらそんなに冷静でいられるのか」と聞いてみたところ、「メモをする習慣のおかげだ」という答えが返ってきました。何かネガティブなことが起こったり、大きな動きがあった時に、感じたことをひと言でもメモに書いているそうです。

仕事をしていると感情的になってしまうことが多々あります。しかし、そこで感情に任せて動いてしまうと、あとで取り返しがつかなくなってしまうケースもあります。**感情に任せず、自分が感じたことをメモすることで、客観的に自分を眺めることができる**というのです。ドローンで自分自身を斜め後ろから撮影しているような感覚でしょうか。

そんな習慣がつくと、いろいろな気づきを得ることができるようになるといいます。勢いだけで行動するのではなく、「彼にはこんな言葉をかけたほうが良いんじゃないか」「ちょっと疲れが溜まってきたようだから、休んだほうが良いかもしれない」など、冷静な判断ができるようになっていくわけです。

knowledge 3

大きな仕事のこなし方

象を食べるにはどうしたら良いか

「象を食べるなら一口ずつ」というアフリカのことわざをご存じでしょうか。象を食べるなんて驚きですが、アフリカの村では実際に象の肉を使った料理もあるそうです。ただ、象はとても体が大きいため、いざ食べようと思ったら小さく分けなければいけませんよね。

実は、このことわざが表しているのは、「**大きな仕事や長期的な目標は小さく分けよ**」ということなのです。

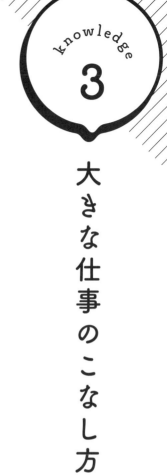

ある程度小さな仕事がこなせるようになってくると、大きなプロジェクトに携わることも増えてくるでしょう。そうした時に、大きな状態のまま進めようとしても、途中で必ずうまくいかなくなります。これから何をしたら良いのか、どこを目指せば良いのかが漠然としてわからなくなるからです。

ですから、**大きな仕事に携わることになった場合、まずは小さくする**ことを心がけるべきなのです。

たとえば、全所要時間が20時間くらいのタスクがあったとします。このタスクだけに専念すれば3日で終えられますが、実際にはそうかんたんにはいきません。大抵はほかの雑務が入ってくることになり、結局1~2週間くらいかかります。

また、ほかに大きな仕事を抱えているとなかなか取りかかりにくく、着手を先に延ばしがちになります。なぜなら、**空き時間が1時間しかない時に大きなタスクに取りかかることはほとんどない**からです。「今日は時間がもうないから明日やろう」「もっと時間が取れる日まで待とう」と考えてしまうわけです。

2時間程度で終わる〝小さなタスク〟に分解しよう

仕事を翌日以降にくり越すこと自体は、悪いことではありません。しかし、特定の仕事だけ手つかずの状態が続いてしまうと、その仕事の期限に間に合わなくなります。こういった問題を避けるため、大きな仕事はあらかじめ小さくする、つまり分解しておくのが理想的なのです。どんなに時間がかかる大きな仕事であっても、分解していけば〝小さなタスク〟にすることができます。

たとえば、大きなプロジェクトが終結したあと、報告書を作成するとしましょう。作業には丸一日かかります。この報告書の仕事を小さく分解してみると、次のような7段階に分けられます。

①調べ物をしたりデータを揃えたりして、必要なものを入手する

②内容や方針を考えたり、結論や全体の構成を考えたりしながら決めていく
③パソコンに向かって作業する
④出来上がったら自分で見直しをする
⑤上司にも確認してもらう
⑥必要に応じて修正する
⑦出来上がった報告書を上司に提出する

これらの各段階での行動を、タスクとして具体的に書き記していくのです。

タスクの大きさの目安は、大きくても**2時間程度で終わるものにしておくのが理想的**だ、というのが私の考えです。2時間を超えるような仕事は、タスクとしてはそもそもボリュームが少し大きいといえます。

その程度まで分解しておくと仕事量も把握しやすくなりますし、先延ばしをしてしまうという問題も起こりにくくなります。

タスクをどこまで小さくするかについては、特に制限はありません。必要に応じて数分

で終わるタスクに分解しても問題ないでしょう。ただ、あまり細かく分解しすぎると、管理するのが煩雑になってしまうデメリットもありますから、注意が必要です。

仕事が少ない新人のうちから、計画的に仕事をする

苦手な仕事や慣れていない仕事、先延ばしにしてしまいそうな仕事は、細かく分ければ取りかかりやすくなります。とはいえ、始めたばかりで全体像が見えていない作業については、分解することが難しいかもしれません。

その場合には、**次は何をすべきかが見えてきたら、徐々に分解していけば良い**でしょう。手を動かす作業だけでなく、〝考える〟〝決定する〟などの頭を使う作業もタスクとしてカウントすれば、分解がしやすくなります。

このような感じで仕事を小さくすることができたら、今度は「どのタスクをいつまでに終わらせる必要があるか」を確認していきます。やみくもに動くのではなく、**動く前に戦**

略を立てることで効率的に動くことができるためです。

新入社員の時は仕事量もそんなに多くはないので、何も考えずに手当たり次第こなせるかもしれません。しかし、それは初めだけで、同じように仕事をし続けていたら徐々に苦しくなっていきます。仕事が少ないうちから計画的に仕事をする習慣をつけておくべきでしょう。

やるべき仕事をリスト化して、仕事を処理していくと良いでしょう。

仕事に慣れてくれば、必ず大きなプロジェクトや新企画を任される日がきます。そういう時に、計画的に仕事をするという習慣が生きます。

どんなに複雑で関係者が多い仕事でも、工程を細分化してシンプルにし、1カ月後の目標や1週間後の目標、今日の目標などに仕事を細かく分けて目標設定をしておけば、大抵の仕事はうまくいくのです。

knowledge 4

“デッドライン”を制する者は仕事を制す

デッドラインをあらかじめ決めてしまおう

急成長するＩＴ企業で私が働いていた時のことです。そのオフィスでは、仕事が始まる前には全員が必ずグループウェア（連絡事項やスケジュールを共有できる、ネットワーク上にある社内掲示板のようなもの）の画面をひらくことが義務づけられていました。そこに書かれていたのは、その部署の1日の仕事の流れでした。

誰が、何を、何時にやるかがわかりやすく明示してあって、全員が出社するとまずそれを見て、1日の仕事の流れを確認するのです。そして、その日に着手しなければいけない仕事と、その仕事を終える目標時間を設定していました。

仕事のなかには、特に締め切りが決められていないものもあれば、「なる早で」などと曖昧に指示されるものもあります。そのような仕事は、**デッドラインをあらかじめ決めてしまいましょう**。

デッドラインとは、時間を区切った締め切りのことです。そこから先に持ち越したり、遅らせたりすることができないので、「DEAD（死）」と言います。たとえば、小学校の夏休みは8月31日までだったと思いますが、これが夏休みの宿題に対するデッドラインです。

昨今はワークライフバランスなどの概念が広く普及し、より良い働き方について関心が高まっています。読者の皆さんにも残業はやりたくないとか、プライベートを充実させたいと思っている人が多くいると思います。これらを実現させるためにも、デッドラインを決めて、目標の時間内で仕事を終えられるように行動しましょう。

締め切りは徐々に縮める

日本人のこれまでの働き方は、残業ありきで考えられてきました。少し業務負荷がかかると「まあ、残業してやればいいや」となってしまうのです。どうしても定時までに終えられない量の場合には仕方ありませんが、残業ありきで考えてしまうと、ズルズルと後ろ倒しになってしまい、何も良いことがありません。明確な締め切りを設定して、その**締め切りを厳守するために今は何をしたら良いか、と考えていく**ように切り替えましょう。

締め切りを厳守するのは大変なことですし、負荷もかかります。しかし、その負荷こそが自らを成長させる糧《かて》になるのです。夜遅くまでダラダラと仕事をするのは負荷とはいえませんし、成長の糧にもなりません。ここを間違えてはいけないのです。

ただ、いきなり高い負荷を設定してもいけません。

小学生で例えるなら、夏休みの自由研究の締め切りが8月31日なのに、自分のなかで8

月1日に設定したとします。ここで何が起きるかというと、ズルをしてしまう可能性が考えられます。早く終わらせるために、インターネットにあがっているものを丸パクリして済ませてしまう。それでは意味がありませんし、自分のためになりません。

また、チャレンジをしなくなるというリスクもあります。誰もが驚くような研究ができるはずなのに、締め切りが近いから無難な内容で終わらせよう、と考えてしまったら成長できません。やはり、**適度な余裕が必要**なのです。

ですから、**デッドラインの設定のし方としては、徐々に縮めていく**方法が理想的だといえます。デッドラインとはいっても、いきなり完璧に守ろうなどと考えず、少しずつ守れるようになっていくものととらえ、最初は緩く設定しましょう。徐々に負荷をかけていくようにすれば良いのです。

デッドラインに向けて計画を漏れなく実行するためのコツは、**何度も目標を見返すこと**です。今、どういった目標を達成しようとしているのかを忘れてはいけません。そのゴールを見返しながら、デッドラインに向けて仕事を進めていきましょう。

一方で、デッドラインまでにある程度の時間がある場合、長い時間をかけて集中力を保たなければいけません。その際ポイントとなるのは、**しっかりと休憩を取ること**です。よくいわれることですが、人間の集中力は長く続きません。細かく休憩を入れながら進めていくと良いでしょう。

〝ポモドーロ・テクニック〟で効率的に仕事をする

効率的な仕事の進め方として**ポモドーロ・テクニック**という有名な手法があります。これは25分集中したら5分休憩を取るというサイクルを4回くり返し、4回目が終わったら20分以上の長い休憩を取るという仕事の進め方です。世界中のエグゼクティブ（企業の上級管理職）が実践しているやり方ですが、もともとはイタリア人コンサルタントのフランチェスコ・シリロ氏が考案したものです。

仕事をしているとメールがきたり、SNSの通知がきたりと外的要因で作業が中断されることがありますが、「あれ、これやったっけ？」などといった、ふと心に湧いてくる欲

【図3】 ポモドーロ・テクニック

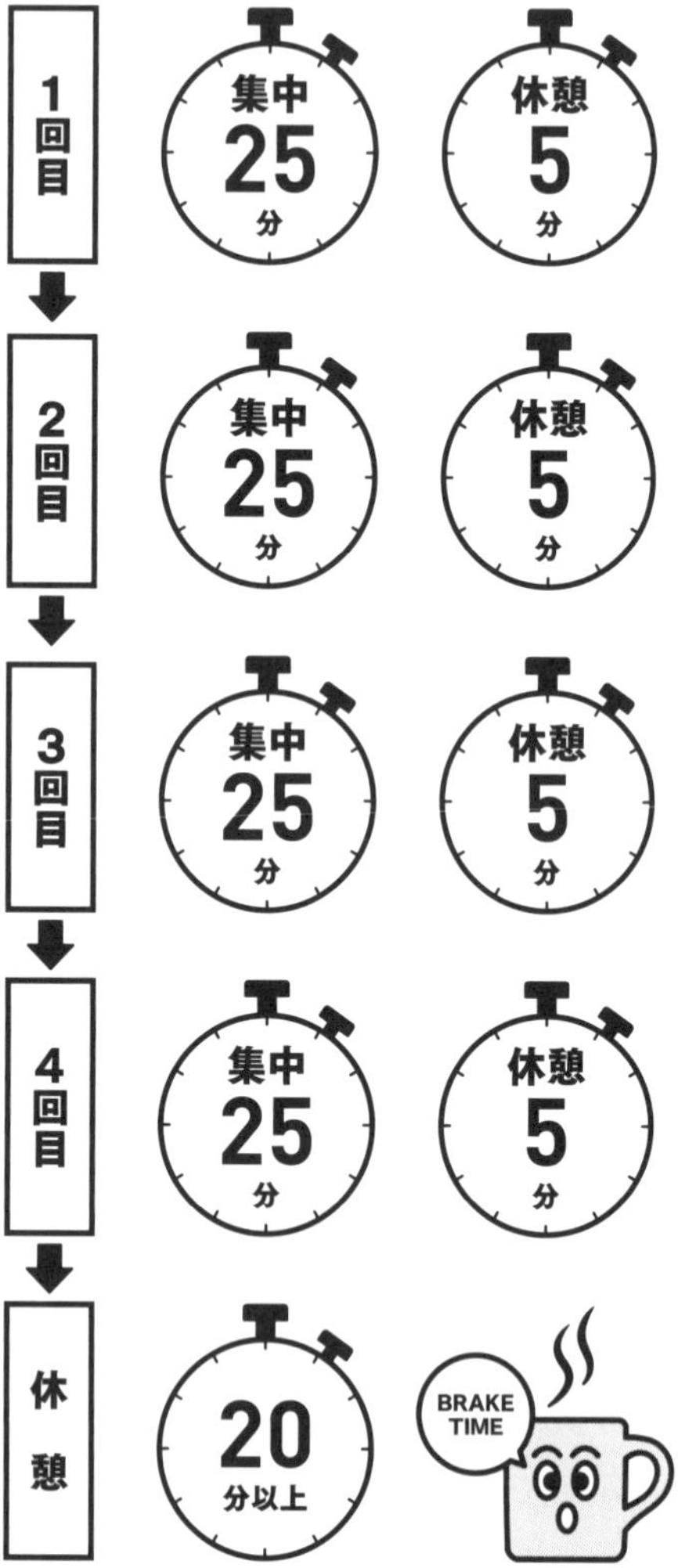

求や思いによる中断（シリロ氏はそれを〝内的中断〟と呼んでいます）も多いものです。そんな中断を引き起こす要因に対処するために、ポモドーロ・テクニックでは25分間はとにかく集中するというわけです。

何か思いついたりした際には、スマホやメモ帳に書き留め、25分がすぎたあとの休憩で対処する。そうすることで、**それぞれの要件が本当に重要なのかどうかを見極める時間が得られる**というわけです。そして、短時間にあまりにも多くの内的中断が起こるようなら20分以上の長い休憩で対処すれば良いのです。

デッドラインを意識すると個人の成長につながる

デッドラインを設定したり、ポモドーロ・テクニックを駆使して分単位で仕事をしたりすることを、「なんだかせわしない」と思われたかもしれません。しかし、日本人の傾向を考慮すると、こういったやり方が合っているように思います。というのも、世界的に見ても日本人は几帳面です。たとえば、交通機関の運行時間も非常に正確で知られています。

ですから、初めは慣れなくても、続けていればいずれ慣れてくるはずです。

ダラダラと仕事をして時間を緩く使うとか、無駄なことをして時間を浪費していては、いつまでたっても効率よく結果を出すことはできません。デッドラインをしっかりと設定することで、ダラダラしていられなくなるのです。だからこそ、いかに効率よくやるかも考えるようになります。

さらに、時間を無駄にしないために判断や決断をする力も養われます。その結果として、スケジュールを守ることができ、無駄な動きも排除され、個人の成長にもつながっていくのです。

ぜひともデッドラインを意識していきましょう。

knowledge 5

入社1年目からチャンスをつかむ方法

魅力という名のスキルを身につけよう

会社に入ってすぐの頃は、仕事が忙しいから会社と自宅の往復ばかりだ、という人も多いでしょう。しかし、会社のなかだけで動くのではなく、ぜひ社外での活動にも積極的に参加し、動き回ってもらいたいものです。興味深いビジネスセミナーがあれば参加してみたり、オンラインサロンに入って交流するのも良いでしょう。とにかく、若いうちは動き回ってみるべきです。

動き回る人はほかの人から魅力的な人間だと思ってもらえます。「魅力」というのは英語で「Attraction」と書きますが、この単語のなかには「Action（行動力）」が含まれています。つまり、**アクションを起こして動き回ることで、人間的な魅力も増していくものだ**と、私は思うのです。

そもそも魅力というものは人の縁やチャンスを最大化したり、人を巻き込んだり、人生やビジネスを成功に導くためのスキルともいえます。アクションを続けることで、魅力という名のスキルが身についていくのではないでしょうか。

では、魅力を身につけることでどのようなメリットがあるでしょうか。

たとえば、入社1年目で営業職に従事している人であれば営業成績が上がっていくはずです。営業行為を受けるお客さまの立場に立つと、見ているのは商品だけではありません。〝誰から買うか〟ということも購買判断の1つとして考えています。それは相手が経営者であればなおのことです。自身の魅力が増していけば「ぜひ、あなたから買いたい」と言われる機会が増えるのも当然のことです。

また、皆さんが将来的に起業家になったとしたら、**動き回る魅力的なあなたには資金が**

集まりやすくなります。投資家も、ビジネスモデルだけを見ているわけではありません。〝誰がやっているのか〟ということも見極めようとしています。魅力的な起業家であればあるほど、資金は集まりやすくなるでしょう。

さらに、何かピンチが訪れたとしても、**魅力的な人であれば助けてもらいやすくなります**。「この人ならピンチを潜り抜けられる」と信用され、手を差し伸べられやすいのです。そうなると、仕事だけではなく、人生そのものまでも生きやすくなっていくはずです。

ビジネスで成功している人が必ず言うこと

また、「Attraction」という単語には、「牽引力」という意味もあります。魅力的になろうと行動するほど、周囲を引っ張る力も身についていくともいえるわけです。

この力は将来的に組織を率いる人や、チームをまとめる立場になる人には欠かすことができません。求心力がある人やリーダーシップがある人は、とにかく活発に動いていて、「Action」……つまり行動力を強く持っています。

今はまだ何か特別なものがなくても、活発に動いていれば多くの人がついていきますし、逆に、**どんなに優秀でも、活発な動きがない人には誰もついていかない**ものです。

さらに、「Attraction」には「幸運を引き寄せる力」という意味もあります。嘘くさい話に聞こえてしまうかもしれませんが、「運勢が良い」というのは、漢字で「運ぶ勢いが良い」と書きます。つまり、**勢いよく動き回っている人は、物事を運ぶ勢いがあるため、運勢も良くなっていく**と考えます。

私の周りのビジネスで成功している人や経営者に話を聞いてみても、必ずと言って良いほど「運が良かった」という感想を口にするのですが、ここでいう「運が良い」というのは、たまたま宝くじに当たったなどという偶然性ではないことがわかります。成功するために動き回ることを続けていたからこそ、成功やチャンスに出会う確率が高まったのだと思います。

また、動き回ることで、新しいフィードバックや学びを得ることができます。それらに基づいて行動を改善していくことで、さらに効果的な動き方を発見し、チャンスをつかむ能力は向上するでしょう。

そうして能力が向上していくと、自分の可能性に自信が持てるようになり、より積極的な行動を取ることができる、というポジティブなサイクルが生まれます。**このサイクルがさらなるチャンスをつかむ土台となる**わけです。この理論については、カナダの心理学者であるアルバート・バンデューラも「自己効力感理論」で説いています。

ぜひ、目の前の仕事に忙殺されることなく、外に出て動き回るという意識を持っていただきたいものです。

本章のまとめ

- 目的意識を持つだけで仕事に取り組む気持ちが大きく変わる
- 紙にメモを取ることで頭のなかが整理でき、4つの効果が得られる
- 新人のうちから計画的に仕事をする習慣をつけておこう
- 〝いつまでにやるか〟を分単位で意識しよう
- 行動回数が多い人は魅力的になり、チャンスをつかみやすくなる

第3章

人間関係を良好にする7つのポイント

knowledge

1

"師匠"に学べ

"師匠"がいると成長は早い

昔は多くの職業で師匠の下に弟子入りをする"**徒弟**《とてい》**制度**"があったそうです。今では落語などの古典芸能くらいでしょうか。漫才の世界では、吉本興業がNSC（吉本総合芸能学院）という養成所をつくったのと同時に徒弟制度がなくなっていったのは有名な話です。

徒弟制度は、時代の流れとしてはもうほとんどがなくなりつつありますが、入社1年目の皆さんには「**自分で職場の師匠を決めよう**」とお伝えしたいです。

徒弟制度では、師匠の身の周りの世話をしながら職業のノウハウについて学びますが、今の時代ではあまり現実的じゃないですよね。ただ、師匠がいることのメリットとしては、**何かを身につける際に近道できる**ということが挙げられます。師匠は、当然ながら自分よりも経験が豊富でなんでも知っています。その力を借りてしまったほうが、早く成長できるわけです。

自分ひとりでできることには限りがある

仮にあなたがとんでもない天才で、人の力を借りることなく、自分の力だけでなんでも目標を達成できるというのであれば問題ありません。しかし、**誰しも自分ひとりでできることには限りがあります**。私自身も会社に入って、師匠と呼べる人がいました（実際に呼んだことはないですが）。その人のやり方などを見よう見まねでやると、速く、確実に仕事を進めることができて驚いたことを、今でもよく覚えています。

考えてみれば、入社1年目の私より師匠のほうが、仕事も速く確実なのは当然です。このように、師匠から基本的なことを学んでしまえばスキルの習得が早くできるのです。

自分ひとりだけで悪戦苦闘していても、壁にぶつかってしまうと、乗り越えるまで時間がかかります。時にはどこに向かって苦労しているのかもわからなくなりますし、やる気を失ってしまうこともあるでしょう。しかし、師匠とコミュニケーションを取ることで、その存在自体が1つの目標になり、時に励ましてもらうことでモチベーションの向上が期待できます。

ですから、自分のなかで師匠を決めてしまいましょう。

とはいえ、「誰が師匠としてふさわしいのかわかりません」という人もいるでしょう。確かに、入社したばかりで先輩や上司のことをよくわからないのに、師匠を決めることには抵抗を感じるかもしれません。しかし、ここでの大切なポイントは**勝手に設定する**ということなのです。

実際の徒弟制度では、師匠の下に弟子入りしたら覚悟を決めてずっと一緒に行動を共にしなければならないでしょうが、そういうわけではありません。先輩の仕事ぶりを見ていて、部分的にでもすごいと思ったら、**その部分だけでも心のなかで「この人を師匠とする」と設定してしまえば良い**のです。

欠点よりも優れた点に注目しよう

多くの人は入社してすぐに先輩の嫌なところを目にしてしまい、同期と集まった飲み会などで先輩の嫌なところを言い合ってしまいます。「うちの部の先輩、こういうところが嫌いなんだよなあ」「わたしの上司は、こんなことを言ってきて嫌だ」と、愚痴のオンパレードです。でも、よく考えていただきたいのですが、皆さんの先輩や上司が経験豊富とはいえ、**人間的に完璧な人はいません**。欠けている部分に目を向けていてもなんの意味もなく、時間の無駄です。

それよりも、その先輩の**優れているところに目を向けて、その部分において「●●の師**

匠」と設定してしまうほうが自分のためなのです。ほかの人格面はともかく、クレーム対応がとても上手で、丸く収めることに長けている先輩がいたら「クレーム対応の師匠」と勝手に設定したり、性格に嫌な部分があったとしても、会議でほかの人から意見を引き出し、スムーズに進行すること（ファシリテーション）に長けている上司がいたら「ファシリテーションの師匠」として勝手に設定し、それに関して徹底的に学んでいけば良いでしょう。そういうことなのです。

仕事に限らず何かを上手にやっている人は、ほとんどの場合において**指針となる存在の人が必ずいる**ものです。歌がうまいことでも、スポーツで結果を出すことでも、なんでもそうです。

せっかく入った会社ですし、せっかく出会った上司や先輩ですから、「何か1つでも学んでやるぞ」「何か1つでも吸収してやるぞ」という気概で、勝手に師匠に設定してみてください。きっと、あなたの成長も加速していくはずです。

knowledge 2

ルールを守って真似をする

〝ベンチマーキング〟をしよう

どこでも通用する人材になるためには、〝師匠〟を設定して上司や先輩から学ぶだけでなく、ぜひ社外からも学びを得てほしいと思います。もちろん、社内でも学べることは多くあると思いますが、それだけでは上司や先輩を超えて成長することはできません。より早く、より大きく成長するためには、**ベンチマーキング**という考え方が非常に効果的です。

ベンチマーキングとは、特に**他社の成功事例の模倣を通して成功に近づいていく手法**です。商品開発などにおいて、完全に他社の真似をしてしまうことは法律上問題がありますが、成果への近道を辿るためにその形式を模倣することは問題ありません。むしろ、成功者ほどこのベンチマーキングを推進しているといえるでしょう。

皆さんはこれまで、学校で「学ぶ」ことを続けていたと思います。古い日本語では、「学ぶ」と「真似ぶ」は同じ語源だといわれているのは有名な話です。**成長するための学習というのは、真似をして慣れていくこと**でもあるのです。そのために本物をお手本にするのは、勉強のやり方として極めて有効なのです。

〝模倣〟で成功の秘訣を追体験できる

ものづくりの業界では、よく名機の〝デッドコピー〟を行います。デッドコピーというのは、部品や製品を寸法から材料まですべて分析して100%同じものを複製することです。完璧に複製していくことで、最高の部品や製品がどういった設計思想で、どのようにつくられているのかを追体験し、「理想的な設計とはどうあるべきか」を実践的に学ぶわけです。

同様に、広告業界で活躍するコピーライターは、よく〝写経〟と呼ばれる行為をしています。写経というのは、お経を書き写すかのように、優れたキャッチコピーを真似して自分でも手書きで書いてみるということです。そうすることでデッドコピーと同様に、どういった思想でコピーライティングをしているのかを追体験して学ぶことができるわけです。

iPhoneを生み出したAppleのスティーブ・ジョブズも、「**素晴らしいアイデアを盗むことに、我々は恥を感じてこなかった**」と語っています。ジョブズですらゼロから考えるのではなく、他社の技術を組み合わせて新しいコンセプトをつくる技術を身につけていた、というのは驚く人も多いのではないでしょうか。

このベンチマーキングに会社全体で取り組んでいたことで有名なのが、下着メーカーのTriumph《トリンプ》でしょう。19年連続で増収増益を記録した頃に社長だった吉越浩一郎氏は、ベンチマーキングを「**ＴＴＰ（徹底的にパクる）**」と表現していました。他社の成功事例を徹底的に模倣して増収増益を果たした、と言っても過言ではないでしょう。入社1年目の皆さんも、成果への近道のためには社外にも視野を広げ、成功事例をどんどん取り入れていくべきです。同業他社や他業界からでもうまくいっている方法を探し出し、真似できるところは真似していくのです。

成功者のライフスタイルもベンチマーキングする

ほかにも、**成功している人のライフスタイル**をベンチマーキングすることで、自身のパフォーマンスが早く底上げされていくという効果もあります。

成功している人が普段の生活で何をしているのか、私自身もベンチマーキングしたものとして次の例が挙げられます。

●十分な睡眠

成功している人やバリバリ働いて結果を出している人には、寝る間を惜しんで仕事をしているような印象があります。しかし、実際に話を聞いてみると、**戦略としてきちんと寝**

る人が多いことがわかりました。

時間を惜しんで睡眠を削るのではなく、「睡眠こそが業務の効率化につながる」と、成功している人たちは口々に言います。たとえばAmazonの創業者であるジェフ・ベゾス氏は、毎晩7〜8時間眠っているといいます。ベゾス氏は、良質な睡眠は賢明な決断力と明確に結びついていると考えているのです。


これは、私も実践しています。最低でも毎日6時間以上は寝るようにして、どんな日でも起きる時間は一定にします。少し値が張っても枕や布団にはこだわり、睡眠の質が高くなるようなものをチョイスしています。

また、すぐに入眠できるよう、寝る前はテレビやスマホなどのブルーライトを避けるようにしました。ブルーライトは神経を刺激してしまい、快適な睡眠の妨げになってしまうのです。

効果は覿面《てきめん》で、夜中に起きてしまうこともなくなりましたし、朝もすっきりと起きられるようになりました。

●集中できる"環境づくり"

成功している人は、**集中して仕事をする環境づくりがうまい**、ということもわかりました。たとえば、没頭して仕事をしたい時はクラシック音楽を聴きながら仕事をしていたり、椅子の座り心地にこだわったり、スタンディングテーブルで黙々と仕事をしたりする人も多く見てきました。

また、1週間のスケジュールを聞くと、どこかで必ず頭を空っぽにして体を動かす時間をつくっている人も多くいました。脳を休めるためにゲームをするのではなく、マラソンやトライアスロンなどをして体を動かすのです。思い返すと、優れた職場ほど有志で運動系のサークル活動をするなど、体を動かす習慣があるように思います。

●情報収集

成功している人は、情報を選別するというよりも、とにかく多くの情報に触れています。昨今はデジタルデトックスなどがもてはやされていますが、情報を遮断すれば良いアイデアがすぐ浮かんでくる、というものでもありません。

情報過多の時代だから、と取り入れる情報を制限してしまうのではなく、**できる限り多**

くの情報に触れるのです。

情報が増えると、もちろん、無意味な内容もたくさん入ってくると思うのですが、その膨大な情報から**いかに良質な情報を選びとり、その比率を高めていくか**ということを追求している人が多いのです。

ぜひとも、社外の成功者の動きをベンチマーキングしながら、仕事の効率化を図っていっていただきたいと思います。

knowledge 3

〝同期〟の意味を理解しよう

同期との関わり方で自らの成長速度が変わる

皆さんが1年目を迎える時、同じ会社に同期入社の仲間がいるかもしれません。同期で一緒に入社する仲間というのはどういう意味を持つのか、考えてみましょう。

これから社会に出るにあたって不安もあるでしょうから、同期の仲間がいるというのは心強いと思うでしょう。しかし、同期の存在というのはメリットもあればデメリットもあるのです。この辺りをしっかり認識しておく必要があります。

まずメリットとしては、前述した心強さがあるかもしれません。それに、人にもよりますが困った時に助け合ったり支え合ったり、良き仲間になってくれる人がいるかもしれません。大きな会社になれば同期会などといって定期的に集まって飲み会をしたり、愚痴を言い合ったりもするでしょう。


しかし、デメリットも多くあります。まず、同時期に入社しているということは**比較対象になりやすい**ということが挙げられます。同期が先に新しい仕事を覚えていると焦ってしまうこともあるでしょう。昇進についても同様です。また、自らの視点だけでなく、他者から見てもそうです。上司から「同期のアイツと比べてお前の仕事は遅いなぁ」などと言われて悔しい思いをすることもあるかもしれません。

実際、私は同じことを経験したことがあります。初めは同期の存在が心強かったのですが、上司から優秀な同期と自分を比較されるたびに、悔しくて仕方がありませんでした。

しかし、**人と比べても、何も良いことなんてありません**。つまり、「気にするな」ということです。自分は自分、人は人ですから、何かの目安になることはあっても、いちいち比較をして一喜一憂するなど時間の無駄なのです。

ほかにもデメリットとして、先ほど例に挙げた同期会などで**みんなと愚痴を言い合ったりするのは、実は非常に危険な行為**です。

同じ歳で同じ時期に入社した皆と、いつまでも顔を合わせ、会社や上司の愚痴を言い合う。こういった場は、実は居心地が良いのが厄介です。しかし、そんなことをしてもあなたが成長することはなく、むしろ破滅の道を進んでいるといえるのです。

居心地の良い場所は危ない場所かもしれない

この「居心地が良い場所」というのは一般的に〝**コンフォートゾーン**〟と呼ばれています。ビジネスの世界では、コンフォートゾーンを含め次の3つのゾーンがあるといわれています。

【図4】 3つのゾーン

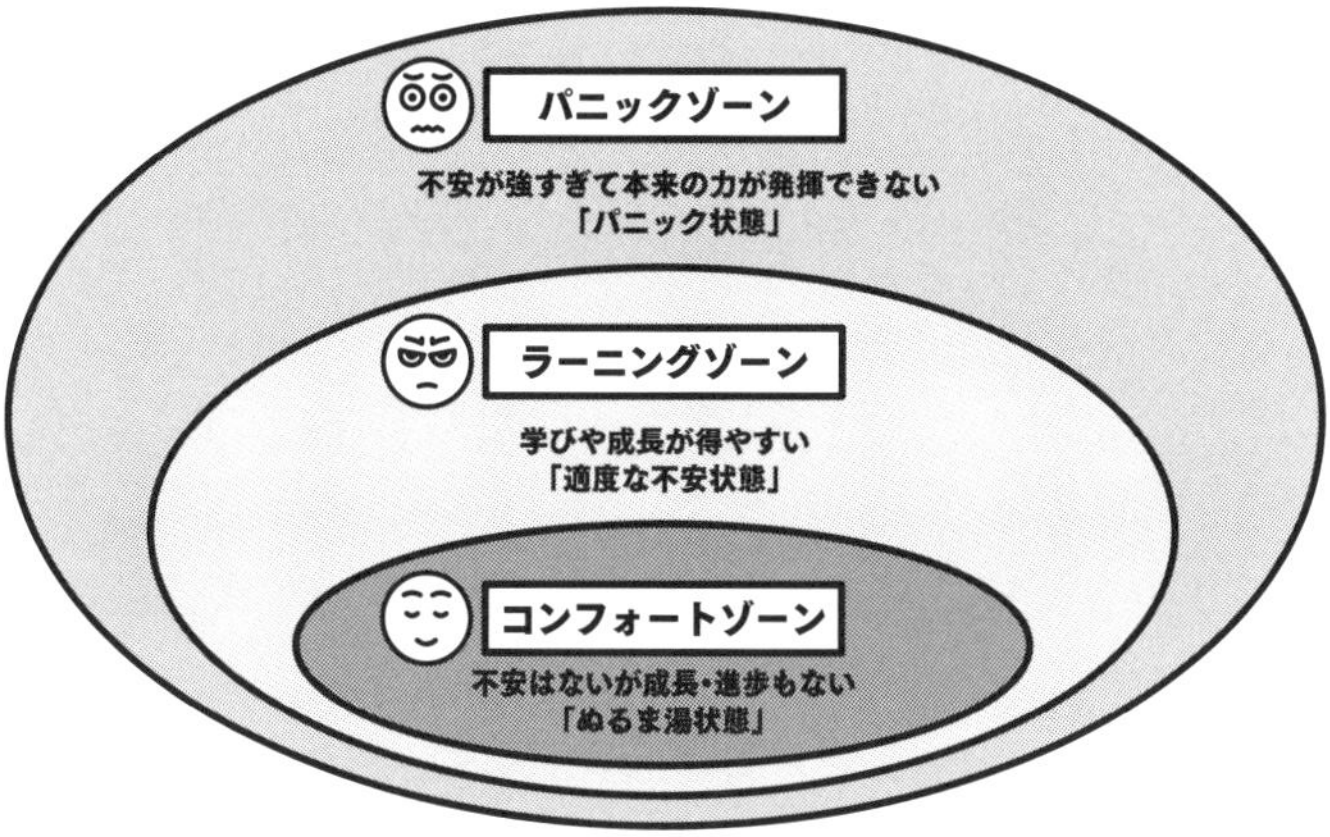

・コンフォートゾーン（Comfort zone）
・ラーニングゾーン（Learning zone）
・パニックゾーン（Panic zone）

これらは、もともと世界最大の複合会社だったGE（ゼネラル・エレクトリック）の成長を支えたノエル・ティシー氏がまとめたフレームワークです。

１つ目のコンフォートゾーンというのは、いつも通りの慣れた仕事や気心の知れた仲間たちに囲まれ、ストレスなど感じずにすごせる心理的な安全領域のことです。ここですごしていると、**自分の能力を高める必要性が特にないので、何もチャレンジしません。**

２つ目の〝ラーニングゾーン〟というのは、

コンフォートゾーンから一歩外に出た場所です。仕事の手順もわからず、新しい人間関係がある。まるでアウェイの感覚ですが、それでも**自分のことはコントロールでき、対応可能な状態**です。

そして3つ目の〝パニックゾーン〟というのは、ラーニングゾーンからさらに外に出た過酷な場所です。自分自身ではコントロールもできない状態に陥り、何をすれば良いのかまったく考えられません。前進も後退もできず、まさに**パニックになりそうな環境**です。

アウェイに身を置こう

これら3つのゾーンのうち、入社1年目の皆さんが成長していくためには**ラーニングゾーンに身を置くべき**です。いつまでも同期の仲間と肩を並べて愚痴ばかり言い合ったり、傷をなめ合ったりしていると、コンフォートゾーンから抜け出すことはできません。居心地が良いのでうえを目指す気力もなくなり、新しいスキルを身につけようとするモチベーションも削ぎ落とされかねません。

一方でパニックゾーンでも、あまり学びを得ることはできません。ストレスを抱えて身体に不調をきたしたり、精神的に疲れてしまったりするなど、生産的な活動ができなくなってしまうからです。また、コンフォートゾーンと同様にモチベーションは削ぎ落とされてしまいます。ですから、コンフォートゾーンとパニックゾーンの中間に位置する**ラーニングゾーンに身を置くことが、成長のためには最適**といえるでしょう。

皆さんに意識していただきたいのは、「自分は今どういう環境に身を置いていて、どこのゾーンにいるのか」ということです。また、比較すべきは同期ではなく自分が描く理想の姿であったり、目指す上司や過去の自分です。客観的に振り返ってみて、自分がコンフォートゾーンに留まっていないかを判断しましょう。

ただ単に、毎日忙しいからラーニングゾーンにいるというわけではないですし、仕事でパニックになったからパニックゾーンにいるというわけでもありません。同期のことは気にせず、自分の課題に集中し、常にアウェイの感覚で自分を磨きながら成長していきましょう。

knowledge 4

伝わらないのではなくて〝伝え方〟が悪い

なぜ伝わらないのか

どの会社に行ったとしても、仕事は1人で行うものではなく組織やチームで行います。

そこで重要になるのは、やはりコミュニケーションです。

そのため、〝コミュニケーション・ミス〟はどの会社でも改善するために非常に努力をしています。

コミュニケーション・ミスについては、たとえば「指示を出したのに間違って認識されている」など、さまざまなミスの例が挙げられると思います。こういったミスは仕事のクオリティ低下や、大きな時間のロスを招いてしまうのです。ですから、皆さんにはコミュニケーションにおいて、まずは〝伝え方〟にこだわってほしいと思います。

よく聞くのが「伝えたはずなのに伝わっていない」という言葉です。仕事に限らず、相手にこちらの意図を伝えたからといって、それだけで100％期待した結果が返ってくるとは限りません。**〝伝えた〟ということと〝伝わった〟ということには、大きな違いがあるのです。**

これを理解していないと、「ちゃんと伝えたのに上司が全然わかってくれない」とか「メールで伝えたのに、内容を全然理解してくれない」などといった**受け手への責任転嫁**をしてしまいます。

ここで考えなければいけないのは、本当に受け手が悪いのかどうか、ということです。

これまで多くの人にコミュニケーションの方法を指導してきましたが、**コミュニケーション・ミスは発信者側に責任がある場合がほとんど**です。あなたの伝え方は、誰が聞いても、誰が読んでも、100%同じように理解できるか、よく確認してみましょう。

相手に伝える時に注意したい3つのポイント

では、上司や先輩にしっかりと伝わる〝伝え方〟はあるのでしょうか。ここでは、押さえておきたい伝え方のポイントを3つ書きます。

①伝えるべきことは短く

人というのは余計な情報を足してしまいがちです。会議でもやたら話の長い人がいたり、長いメールや分厚い資料を見かけたことはありませんか？　こういう人は、自分の言いたいことや持っている情報をすべて発信しようとして、枝葉の情報までも伝えようとするのです。

このような情報発信の仕方は相手にも迷惑でしょう。なぜなら、過剰な情報が一度に提供されると、相手は重要なポイントを見失いやすくなるからです。情報が多すぎて、何が本当に重要なのかを判断しにくくなってしまうのです。また、人間の集中力には限界がありますので、重要ではない情報が多いと聞き手の注意力が散漫にもなってしまいます。

ですから、**ほかの人に何かを伝える時はとにかく短くする**こと。**最低限、何を伝えるべきかにフォーカス**して、一番伝えたいメッセージに沿って情報の選択と集中をしましょう。

②結論から話す

結論から話をしていくだけで、上司への伝わり方が格段に良くなります。結論を先に示すと、話の目的や方向性がすぐに伝わるためです。これにより、相手は詳細を聞く際にもどこがポイントなのかを意識しながら話を聞くことができるのです。

世界的にも、**結論から話して論理的に物事を伝えるのは共通のビジネスマナー**だといえます。たとえば、「午前中の契約の件、どうなった?」と上司に聞かれて、次のように答える新人がいたとします。

「はい、まず契約書の件についてA先輩に連絡をして、そのあとお客さま担当のBさんに相談をしたんですが、そこでお客さまからご意見をいただきましたので変更をしましたら、今度は営業部から契約書への意見をいただきまして、それからCさんの……」

これでは時間がかかりすぎてしまいますよね。上司は通常、部下の話だけでなく、多くの業務や意思決定に追われていて忙しいものです。こんな伝え方をしてしまうと上司は、「もういいや」とほかの人に確認しに行くかもしれませんし、「結論を言え！」と怒り出すかもしれません。

それに対して「人に聞いておいてなんだよ」「うわ、怒られた。うぜえ」などと文句を言うのは、誰が見ても間違っています。

このような場合は、**「結論から申し上げます」を口グセにしてしまうのが良い**と思います。つなげるとこうなります。

「結論から申し上げますと、●●●でした。理由としては、●●●であるためです」

「結論から申し上げます……」と口にすると、「結論を言わなければならない」と頭が働きます。そして結論を口にすると、会話の定型として「理由としては……」と続けて言いたくなるのです。

③イメージがしやすくなる資料をつける

何かを伝える時、多くの情報量をいかに正確に伝えられるかを考えてみましょう。

最近は、YouTubeやXを始めとしたＳＮＳなどでさまざまな情報を得ている人も多いと思いますが、文字情報よりも画像、画像よりも映像のほうが格段に情報量は多くなります。

スマホで写真を見せながら伝えてみる。ホワイトボードがあれば、絵を描きながら伝えてみる。関連する資料があれば、それを見せながら伝えてみる。**言葉だけではなく、ほかのものも使ってイメージを補完できないかを考える**のです。

人は受け取った情報を頭のなかでイメージします。ここで相手が間違ったイメージのし方をしてしまうと、コミュニケーション・ミスが発生してしまうのです。ですから、ミスを回避するためにも、**最初からできる限りイメージしやすい形で伝えるようにする**と良いでしょう。


伝える側がこのような努力をせずに「伝えているのにわかってくれない」と愚痴をこぼ

してしまうのは、他責思考であり自分の成長につながりません。「どうしたら伝わるだろうか」「もっとわかりやすく伝える方法はないか」と考えて、なんらかの工夫をこらしていくのも、皆さんの仕事であるということを理解しましょう。

knowledge 5

“反面教師メモ”をつくっておく

“こうなりたくない人”に自分がなっている可能性

83ページでも「欠点より優れた点に注目しよう」と書きましたが、そうは言っても相手の悪い部分がなくなるわけではありませんよね。

でも、あなたがその相手の欠点に対して我慢してストレスをためたり、腹を立てたり、戦ったりする必要はありません。その時間がもったいないですし、何より疲れてしまいます。

私がおすすめしたいのは、**反面教師にする**ということです。
相手の嫌な部分に関して、なぜそう感じたのかを冷静に考え、「自分は同じことをしないぞ」と心がけていくのです。

こう書くとかんたんなように聞こえますが、これが実は難しいもので、どれほど心に誓っていても、数年経つと、その人と同じことを自分がやっていたりします。

たとえば、新入社員の時に上司から「俺が新人の時にはさあ……」などと武勇伝を語られることがあり、苦笑いで話を聞いていたとします。そこで「自分は上司になったらそんなことは言わないようにしよう」と思っていても、何年かあとに新人に対して、「僕が新人の頃はさ……」などと同じようなことを語っていたりするのです。

結局これは、脳のなかに「この場面ではこういうことをする」という記憶が残ってしまっているので、なんの気なしにやってしまうことが多いのだと思います。

「反面教師」を可視化する

「なら、『反面教師にする』という考え方は何も役に立たないじゃないか」と思われるかもしれませんが、工夫をすれば良いのです。

私が実際にやっていたのは、**〝反面教師メモ〟をつけること**でした。たとえば上司が、些細なことですぐにカッとなって怒り散らすような人だったとしましょう。その時に「あんな風にすぐカッとなって怒るような人にはなりたくない」と感じたとしても、脳のなかでは「些細なことでカッとなって怒る」という動きがインプットされ、自分でもいずれやってしまいかねません。

そこで反面教師メモに「どんな時でも穏やかな気持ちで対応できる人になろう」とポジティブに変換して記入しておくのです。メモに書いたポジティブな言葉でネガティブな事実を上書きするイメージです。そうやって、ポジティブなイメージの理想像をしっかりと記しておき、定期的に読み返してインプットしておけば、いくら反面教師の人が身近にいたとしても、間違った方向には向かいません。

〝反面教師メモ〟から得られること

この反面教師メモには2つのメリットがあります。

まず1つは、**自分の理想像が描きやすくなる**ということです。

最近では「自分の将来像を思い描けない」という人が増えているようです。なぜ思い描けないかというと、理由の1つに、目指したいと思えるような人が身近にいないことがあるようです。

何かお手本がないとイメージしにくいということなのでしょうが、気持ちはよくわかります。ただ、そういう人は立派な人が目の前に現れたとしても「あんな風にはなれないよ……」と思ってしまい、いずれにしても、未来の自分のイメージを思い描けなかったりするものです。

しかし、「ああはなりたくない」と思えるような人については、身近にいたりするわけです。であれば、その人を反面教師として、それを足がかりに自分の理想像を少しずつ描くようにすれば良いのです。

「ああはなりたくない」と思うことがあったら、ポジティブに変換してそのイメージをどんどん書いていきましょう。それが増えていくたびに、**自分が理想とするイメージが固まっていく**はずです。

もう1つのメリットは、**目の前の嫌なことを嫌だと思わなくなる**ということです。

反面教師メモを書き始めると、不思議なことにメモ帳の余白を埋めたくなっていきます。ネタが増えていけばいくほど自分の理想のイメージが固まりますから、早くネタを書きたくなるわけです。そうすると、目の前で上司が嫌なことを言ったり、同僚に嫌な態度を取られたりしても、「よし、これはメモに書こう」とか「また1つネタが増えた」とポジティブにとらえることができるようになるのです。

私も実際にメモをつけていると、なんとも不思議な感覚に陥りました。ネタを提供してくれる苦手な上司に、だんだんと「今日もネタを提供してくださり、ありがとうございます」と思うようになったのです。

目の前の苦手な上司の振る舞いに腹を立てることもできますが、「**上司としてやってはいけない数々の失敗を、自分の代わりに実践してくれた**」ととらえれば、感謝の念すら湧いてくるわけで、要は**物事はとらえ方次第**なのです。

不思議なもので、そうとらえられるようになると、以前は苦手だった人でも自分にとってありがたい存在に感じられるようになっていきます。そうすると、**精神的なストレスも軽くなり、今までよりも楽しく仕事に取り組めるようになる**のです。

私の場合は、最終的に反面教師だった上司が異動することになり、目の前からいなくなってしまいましたが、手元には素晴らしくポジティブなメモだけが残りました。私は何度もそれを読み返しながら、のちにどんな会社に行っても理想の環境をつくり上げていくことができるようになったのです。

knowledge 6

会社の飲み会に誘われたらどうするべきか

飲み会や忘年会で経験すべきこと

何年か前に「忘年会スルー」という言葉がメディアで取り上げられていました。会社で年末に開催される忘年会に、参加しない社員が増えているという話題でした。実際のところ、皆さんはどうでしょうか。「会社の飲み会なんて、わざわざ参加したくない」とか「参加するなら残業手当をつけてほしい」とかいろいろな意見があるかと思います。

個人的には、飲み会や忘年会は自分の意思で判断すれば良いと考えていて、出たほうが良いとも出なくても良いともいえません。会社の方針やその場の雰囲気に従えば良いのではないかと思います。ただ1つ、どうせ飲み会があるなら経験してほしいことがあります。それは**幹事をやる**ということです。

幹事をこなす能力というのは、仕事にも役立ちます。ですから、そういった意味で一度は経験してほしいと思うのです。

幹事に必要な能力とは

では、どのような能力が必要で、どう生かせるのか、具体的に書いてみましょう。

●企画力

会社の飲み会であれば、なんらかの意味があって開催するケースがほとんどです。忘年会なのか新年会なのか送別会なのか歓迎会なのか。そのコンセプトに沿って、どのような飲み会にするのかを考えていかなければいけません。つまり、企画の〝軸〟となる部分です。誰が主役になるのか、誰を立てるべきなのか、それによって会場となるお店も変わってきますし、会費も変わってきます。そういった全体の企画力が必要になってくるのです。

●スケジュール調整力

飲み会において難しいのが日程調整です。部署内の飲み会など少人数であれば良いのですが、忘年会など部署をまたぐものになると全員参加が難しかったり、大切な予定と重なっていたりすることが必ずあります。まず、どのように調整していくかが重要で、誰の予定を優先していくべきかも考えなければいけません。また、参加する人数によって会場も変わってくるので、ここをしっかり合致させないとあとで大変なことになってしまいます。

●ニーズの把握力

飲み会に求めるものは人によって異なります。あくまで例ですが、男性ばかりであれば賑やかで騒げるお店だったり、女性が多かったらお手洗いが綺麗なお店かどうか、座敷ではなくテーブル席が良いのではないかといった配慮も必要です。また、喫煙者がどれだけいて、嫌煙者がどれだけいるのかも重要です。お酒が飲めない人がいる場合には、ノンアルコールのドリンクメニューが充実しているかどうかも確認しておく必要があるでしょう。このように、参加者が求めるものを事前に把握しておくことも必要になってきます。

●リサーチ力や分析力

優れた幹事は、お店に関する情報に長けているものです。それは日頃からリサーチを欠かさず、気になるお店があったら実際に足を運んで体験しているからです。また、過去に先輩が開催した飲み会の話を聞いてデータを収集しておくというのもポイントになるでしょう。せっかく実績があるわけですから、その情報はストックしておいて今後の参考にすべきです。

●視野の広さ

当日に幹事がすべき仕事は、〝気配り〟です。誰に挨拶をしてもらうか、料理や飲み物が行きわたっているか、暑そうな人や寒そうな人はいないか、体調の悪そうな人はいないかなど、とにかく気を配ることが重要です。これは、のちに組織をまとめるうえでのマネジメント力を養うトレーニングにもなるはずです。

●予算管理

飲み会では、会費の徴収をスムーズに、明確にする必要があります。お金が絡む話ですので、ここでトラブルになってしまうとせっかくの楽しい飲み会が台無しになってしまいます。上司から多めにもらうという場合も多いですが、スムーズに気持ち良く支払ってもらえるよう、事前に根回しをしておく必要があるでしょう。

このように、箇条書きで書いてみても、さまざまな力が求められることがわかります。しかし、仕事ではなく飲み会ですから、多少失敗しても会社がつぶれるわけではないですし、「新人だから仕方ないね」と大目に見てもらえるはずです。むしろ、失敗を重ねながら幹事力を養っていくことで、ビジネススキルも身について一石二鳥ではないでしょうか。

他人が嫌がることを積極的に行う意味

入社1年目というのは多くの人がスキルや経験不足のため、1人ひとりを見ても実力にそれほど差はありません。ただ、仕事を任せられるかどうかを飲み会での振る舞いで判断されることが実はよくあります。飲み会は仕事ではないので、誰もが幹事をやることは嫌がるでしょう。しかし、**皆が嫌がることを積極的に引き受ける**というのは1つのアピールになるはずです。

皆と同じ仕事をしているのに、自分だけ給料が増えてほしいなどと願うのは虫がいい話ですし、まずありえないことです。やはり、人が嫌がることや避けたいことに積極的に首をつっこんでいくことで経験値が上がり、評価されるようになります。

それは幹事に限った話ではありませんが、「幹事、やってみる?」と聞かれる機会があったら、ぜひこのことを思い出して手を挙げていただきたいと思います。飲み会自体が面白くないものだったとしても、その場をつくり出す準備に意味があるのですから。

本章のまとめ

- 優れた人や製品を〝模倣〟することで学ぼう
- 同期となれ合わず、〝ラーニングゾーン〟に身を置こう
- 伝わらない時は、〝伝え方〟を工夫しよう
- 嫌な人は反面教師にして、自分の成長の糧にしよう
- 皆が嫌がることを進んで引き受けると、経験を積むことができ、評価につながる

第4章

壁にぶつかった時に意識すべき8つのポイント

knowledge 1

仕事で怒られたら

上司があなたに注意する理由とは

入社1年目の皆さんであれば、注意されたり、怒られたりすることもあるでしょう。そんな時に「うぜえ」「最悪」「ムカつく。もう辞めたい」などと反射的に思っているようでは、どこに行っても通用しません。あまりにも上司の態度がおかしく、パワハラのようなことをしてくるなどであれば仕方ないですが（そんな人が上司になってしまう会社もどうかと思いますが）、そうでなければ、**叱られた意味**を冷静に考えてみてください。

まず、仕事をしていれば誰でも失敗をします。それは上司も社長も同じです。失敗をしてこなかった人などいません。ただ、失敗をした時には、「これは失敗だ」と認め、「次はこうしなければいけない」と理解することが大切です。そうすることで次の失敗の確率を下げることができます。それに気づくには経験が必要です。つまり、新人では気づかない可能性もあるのです。

上司が注意してくるのは「そっちじゃない、こっちに行くべきなんだよ」「こうすれば余計な失敗をしないぞ」と、**次の成功確率を高めてくれようとしているからです**。ですから、最初のポイントは**とにかく素直に指摘を聞く**ということ。そして指摘されたことについて、**何を言っているのかを理解する**ようにしましょう。

次のポイントは**指摘してくれたことに感謝する**ことです。指摘するという行為は時間やエネルギーを消耗します。少なからずあなたへ期待する気持ちがなければしません。まったく期待していない社員や、どうでもよい社員に対して、上司は叱りすらしません。上司からすると、致命的なミスでなければ何も言わずにスルーするのが一番楽なのです。それを、時間とエネルギーを使って指摘してもらっているわけですから、実は非常にありがたいことなのです。ぜひとも、前向きにとらえていきましょう。

注意されること、叱られること、すべてのことには意味があります。これらの出来事は、あなたに何を教えてくれようとしているのでしょうか。この辺りを理解している優秀な新人は、ただひたすら「すみません！　すみません！」とくり返し謝るのではなくて、「ご指摘いただきありがとうございます。次からは気をつけます」と、感謝を交えながら返答ができるようになります。もちろん、ミスの内容によっては「申し訳ございません」とまず謝ることが大切です。そのうえで、指摘してくれたことに感謝を表すようにしましょう。

叱られた〝そのあと〟が大切

もしかすると、指摘されたことにショックを受けて大きく落ち込んでしまう人もいるかもしれません。悲観的になってしまったり、仕事が手につかなかったりする人もいるでしょう。すると、上司や周囲からは「ちょっと指摘しただけですぐに落ち込む」「怒られただけで仕事が手につかなくなるのか」という目で見られてしまいます。扱いにくいと思われてしまうと、次の仕事を頼まれにくくなってしまいますし、何も良いことがありません。

指摘されたり、叱られたりした時は〝そのあと〟が大切です。そのあとの対応次第では、今まで以上に上司から信頼してもらえるチャンスとなるのです。少し時間を置いてから「昨日はすみませんでした。ご指摘ありがとうございます。昨日の修正をしてみたのですが、ご確認いただけますか？」などと、**今まで以上の仕事をぶつけに行く**のです。そうすることで、「お、こいつは育てがいがあるぞ」と、一目置いてもらえるはずです。

指摘されたあとにやってはいけないことは、無駄に落ち込むだけでなく、怒ってしまうことです。入社1年目で仕事もまだ覚えていない状態なのに怒りを出してしまうのは、何も良いことがありません。会社における人間関係の悪化にもつながりますし、社内からどんどん居場所がなくなってしまいます。叱られた時こそそのあとが大切だと考え、冷静になりましょう。

ただ、上司のなかには〝単に怒りたいだけの人〟や〝怒っている自分に酔っている人〟もいます。昨今はパワーハラスメント防止への啓蒙が進んでいますが、それでもまだ理不尽に怒る人はいるものです。

最初のポイントで言ったように、上司の指摘を素直に聞いてみても、どうしてもおかしい、納得がいかないということはあるかもしれません。そんな時でも、イライラする気持ちをグッと抑え、表面上は「わかりました」「おっしゃる通りです」という顔で聞き流しましょう。あなたが大人の対応をすることで、上司もとりあえず良い気分でいてくれます。

ただし、人格を否定してきたり、暴言を吐いてきたりするのはパワハラですから、人事部をはじめ指定された窓口に相談したり、その上司のそばから早く離れたりしてしまうのが良いかもしれません。その辺りは冷静に見極める必要があるでしょう。

knowledge 2

失敗することの重要性

あなたが成長実感を得るうえで必要なこと

先ほど「仕事をしていれば誰しも失敗をします」と書きましたが、〝失敗〟についてもう少し考えてみましょう。

〝失敗〟と聞くと、誰しもが嫌がり、避けたがるものだと思います。「できれば失敗のない人生を歩みたい」「失敗するのはもうたくさんだ」と思うことでしょう。しかし、皆さんが今、当たり前のようにできていることの裏には、**必ず失敗がある**ことを忘れてはいけません。

私には中学生の子どもがいますが、子どもが赤ちゃんの時はできないことだらけでした。1人でご飯を食べることもできなければ、お風呂に入ることもできません。その時は、子育ては本当に大変だと感じました。しかし、スプーンを握れるようになったかと思えば、食べものを自分で口に持っていけるようになったり、一緒にお風呂に入っているうちにやがて「1人で入る」と言ったりするようになっていきました。

しかし、その過程では何度も失敗がありました。スプーンを落としてしまい食べものが床に散らかったり、シャンプーが目に入って泣いてしまったり。そういった失敗を経て、今は当たり前のようにご飯を食べたり、お風呂に入ったりすることができているわけです。

これは、ご飯やお風呂に限らずなんでも同じことです。歩くこと、話すこと、買い物をすること、パソコンで文字入力をすること。あなたがやっている行動すべてにおいて、失敗の経験を経て普通にできるようになってきたのです。ですから、入社1年目の皆さんがこれから仕事を覚え、社会人として成長するなかで必要なのは、失敗を重ねることです。**人は失敗することで成長していくのです。**

しかし、私たちは幼い頃から、失敗やミスをすると怒られたり注意されたりしてきました。学校の試験ではミスすると減点されたり、教師から怒られたこともあるでしょう。そういった教育の影響もあり、失敗やミスに悪いイメージを抱くようになっているのではないかと思います。

成功か失敗か、という二元論で育ってしまうと、極度に失敗しないでいようとして、何も行動しない人が生まれてしまいます。

実はこの**何も行動しない人**というのが一番良くありません。**人はより難しいことにチャレンジしたからこそ失敗する**わけです。だから、失敗は避けるものではなく、むしろ積極的につかみに行かなければいけません。それに、チャレンジして失敗することで、初めて自分の間違いに気がつきます。**本当に大切なことは失敗か成功かではなく、そのあとの学びなのです。**成長するためには学び続けることが大切ですから、失敗か成功かで一喜一憂するようなことは、成長の本質ではないのです。

学ぼうとしない、何もしないことが本当の失敗

より難しいことにチャレンジするのは確かに不安ですし、うまくいかなかった時には大怪我を負ったようにつらい気持ちになるものです。しかし、何度かくり返していくうちにコツもつかめてきますし、自分自身のクセもわかるようになります。たとえば、事前の準備を雑にやってしまうからあとで修正するのが大変だとか、どうも集中力が途切れやすい傾向があるとか、失敗を通して自分の足りない点に気づけるようになります。また同時に、**失敗しても立ち上がって成功につなげた経験を得ることで、自分のなかにある底力やモチベーションに気づくことができ、新たな自分の一面を発見する**ことができるのです。

このように、**人間は失敗と成功の体験を通して、学びながら成長する**ものなのです。

失敗を恐れるあまり一番やってしまいがちなのが、何も行動しないことであり、何も学

ばないことです。意外にも、そういう人ほど頭ではいろいろと考えています。そして、考えたうえで何も行動しないことを選択しています。しかし、何事もやってみないとそれが正しいかどうかわからないので、何も行動せず時間を消費するよりは、実行してみてから考えたほうが学びは深くなるはずです。

失敗というのは何か大きな出来事によって「これは失敗だ」と決まるのではなく、失敗を通じて学ぼうとしないことによってそうなってしまうのです。**学ぼうとしない、何もしようとしないことこそが〝失敗〟なのです。**

私自身、失敗もたくさんして、恥もたくさんかいて、会社を辞めてしまおうかと思ったこともありました。しかし、振り返ってみると、そういった経験をしている時期の自分は一番成長している実感を得ていましたし、とても濃厚な時間をすごしていたのです。

それ以降、私は自ら望んで過酷な仕事を任せてもらうようになりました。失敗をたくさんしてしまいそうな、たくさん恥をかいてしまいそうな仕事のほうが難しいけれど楽しく、自らの成長につながるからです。

読者の皆さんは「失敗するのは嫌だよね」などと言いながら、ぬくぬくと毎日当たり障りのない仕事をして、気がつくと年齢ばかり重ねて経験値がまったくたまっていない人にはならないでください。ＲＰＧ（ロールプレイングゲーム）でたとえるなら、レベル１の状態のままラスボスと戦いなさいと言われても無理だと思います。失敗を重ねて経験値を増やしておきましょう。仕事という名のゲームを楽しむためにも、それが一番だと思うのです。

knowledge 3

わからなくて当たり前。とにかく聞きまくろう

とにかく聞く。ただ、聞き方が悪いのはダメ

失敗を重ねながら成長するために、当たり前にやってほしいのが「**とにかく聞く**」ということです。仕事でわからないことがあった時に、そのまま放置したり、「多分こういうことではないかな」と自分で勝手に判断して仕事を進めると、ミスの原因になり、場合によっては重大なトラブルや失敗につながってしまいます。ですから、わからないことはとにかく聞きまくれば良いのです。

ただ、実際に聞こうと思っても多くの人が感じてしまうのが「そうは言っても聞きづらいよなぁ……」ということです。上司は常に忙しく動いていて、気軽に質問できる雰囲気ではなかったりもします。入社1年目のあなたを教育するため、あなたにずっと張りついているわけにもいきません。ですから、聞くタイミングというのも重要なのです。

私がこれまでに経験した聞き方が悪かった例とともに、解説をしていきましょう。

①何も調べていない状態で質問してしまった

「とにかく聞け」とは書きましたが、なんでもかんでも聞いて良いわけではありません。「わからないことがあれば聞きましょう」ということです。そして「わからないこと」というのは、「いくら調べてもわからなかった」という前提があります。マニュアルに載っていることやネットで検索すれば出てくるようなことを、「すみません、これ教えてください」などと聞かれたら、上司や先輩もうんざりしてしまいます。まずはわからないなりに調べたうえで、**どうしてもわからないことを聞くようにしましょう**。これは会社のなかだけではなく、世間一般でいわれていることでもあります。

②相手がどういう状態か確認せずに聞いてしまった

新人時代、調べてもわからないことがあり、上司に聞こうと「すみません」と声をかけたら、ほかの上司と深刻そうな会話をしている最中だったことがあります。この時は2人の上司から「おいおい」と呆れた顔をされてしまいました。よほどの非常事態でもない限り、人の会話を遮って自分の聞きたいことを質問するのは良いことではありません。もしかすると、上司は緊急事態に対応していたのかもしれません。このように、上司の動きがいつもより慌ただしかったり表情が深刻だったりする場合には、質問するタイミングを変えたほうが良いでしょう。

相手の状況をうかがったうえで質問できそうと判断した場合でも、「今、少しよろしいですか？」「話しかけても大丈夫ですか？」など、**断りを入れてから声をかけるようにしましょう**。第一声でいきなり「これなんですけど」と言うのは、あまりにも非常識ですから、気をつけるべきです。また、リモートの場合であってもチャットなどで「今よろしいですか？」と最初に聞くと良いでしょう。いきなり会議依頼を送ったりするのは失礼にあたります。

③質問する内容が整理されていなかった

98ページの「伝わらないのではなくて伝え方が悪い」でも書きましたが、質問をする際にもわかりやすく聞かなければいけません。質問内容が整理されていないと、質問をするたびに上司を困惑させてしまいます。やはり、いかに**短く、ロジカルに質問**できるかが大事です。そのためにも、以下の2点を質問する時にやってみてください。

- まず、聞きたいことの要点を先に尋ねる
- 「なぜそれを聞きたいのか」という理由を補足する

大きくはこの2点ですが、要点や理由がいくつかある場合には紙に書き出してまとめておいても良いでしょう。

遠慮せず質問をすることが大切だとはいえ、「何かアイデアを出してほしい」という状況のなかで「どんなのが良いですかね？」などと、本末転倒なことを聞いてしまうのはダメですが、日々の仕事のなかで疑問に思ったことはどんどん聞くべきです。

私も新人の頃、先輩をあっと驚かせるために、自分の力だけでやり切ろうとするあまり、逆に大きな損害を発生させてしまったことがあります。

新人のうちは無理にやり切ってやろうなどと考えず、わからないことがあればとにかく聞き、経験豊かな先輩たちからベストな解決方法や業務上必要な技術を教えてもらうようにしましょう。

knowledge 4

どうしたら同じミスをしないようになるか

ミスの原因を明確にする〝5つのM〟とは

「失敗を重ねて経験を積みましょう」とは書きましたが、いくら失敗の経験も大切だとはいえ、同じような失敗をくり返してしまうのはいけません。ミスしたことを受け止めて、くり返さないためにはどうしたら良いかを熟考していきましょう。

そのためには、**根本から仕事のやり方を変える**ことが重要です。ミスが起こらないような仕組みをつくるために、今までのやり方を変える必要があるのです。

私も入社1年目の時に会社の上司から言われた「**人を責めるな、仕組みを責めろ**」という言葉を、今でも大切にしています。「何かミスが起きたら人を責めても仕方がない。そのミスが起きてしまった仕組みに問題がある」と考えるわけです。

ですから、ミスについて上司が部下を叱責するのは、あまり意味がないことだといえます。また、ミスをしてしまったからといって自分自身を必要以上に責めても、仕方がありません。ぜひとも仕事のやり方や進め方のほうにフォーカスして、どう変えればミスが起きないかを考えてみるようにしましょう。

そのためにも、まずはミスが起きた時に**原因を明確にする**必要があります。ミスや失敗はほとんどが人為的なものですが、まずは**〝コト〟としてとらえていきましょう**。〝コト〟とはつまり、感情的にならず「何が起きたのか」と事実を冷静にとらえるということです。〝コト〟としてとらえるためにも、次の**〝5つのM〟**の順番で原因を探っていくと良いでしょう。

【図5】 ミスの原因を明確にする5つのM

①Mission
使命や目的を取り違えていないか／目的と手段の混同はないか

②Machine
使用したツールや機械に不備やトラブルはないか

③Media
関係者とのコミュニケーションや情報伝達の仕方に問題はないか

④Management
業務を遂行する際のマネジメント手法に問題はないか

⑤Man
実行した人のコンディションやモチベーションに問題はないか

①Mission（ミッション）
使命や目的を取り違えていなかったか？
目的と手段の混同はなかったか？

②Machine（マシーン）
使用したツールや機械に不備やトラブルはなかったか？

③Media（メディア）
関係者とのコミュニケーションや情報伝達の仕方に問題はなかったか？

④Management（マネジメント）
業務を遂行する際のマネジメント手法に問題はなかったか？

⑤Man（マン）
実行した人のコンディションやモチベーションに問題はなかったか？

４つ目の〝Management〟については、立場的に入社1年目で考えることではないかもしれませんが、それ以外についてはしっかりと確認しましょう。そのうえで、該当するものがあればしっかりと向き合って追求していきましょう。

ミスが起きた時に、とりあえずその場をやりすごして仕事を進めるケースがよくありますが、それでは原因がそのまま放置されてしまい、再び同じミスが起きる可能性が残ります。**しっかりと向き合って追求する姿勢**が、このうえなく重要になるのです。

〝ミス専用ノート〟で間違いを可視化する

多くの職場では、小さなミスや初めてのミスの場合に「なぜミスが起きたのか」といった原因究明に時間をかけられることはなく、「以後、ミスをしないように気をつけます」という〝対策とは呼べない対策〟で片づけてしまう傾向があるように思います。上司も「これから気をつけてね」などと言っていますが、気をつけるだけでは何も解決できません。

おすすめしたいのは**ミス専用ノートをつくって書いていく**ことです。

どんなミスにも必ず原因があります。その原因を追求することなく「気をつけて」などと言うだけでは、ミスをくり返すだけです。ですから、ミスをしたあとには以下の3点をノートに書いて振り返りをしましょう。

- どのようなミスだったのか（状況）
- なぜそのミスが起きたのか（原因）
- 同じミスをしないために何をすべきか（対策）

このノートのポイントは2つあります。1つは**ミスに向き合う**ということ。そしてもう1つは、**可視化する**ことです。ミスというものは誰しも目をそむけたくなったり、なかったことにしたくなったりするものです。しかし、ミスを隠すとあとで何倍にもなって返ってきます。

大切なのは同じミスをくり返さないことですから、そのためにも、一度してしまったミスはしっかりと可視化して向き合いましょう。そうすれば、対策をじっくり考えていきやすくなります。

もちろん、初めてミスをしていますから〝対策〟といっても正解がわからず、何を書いて良いか迷ってしまうかもしれません。その際には経験豊富な先輩や上司に相談し、どのような対策が考えられるかを聞けば良いのです。

ミス専用ノートを使って何度でも振り返りをし、ミスの再発を防止していきましょう。

そうすれば、気がついた時にはあなた自身が成長を遂げているはずです。

knowledge 5

成長スピードが高まる〝振り返り〟とは

PDCAサイクルでは「C」が重要

136ページから141ページまで、失敗をくり返さないようにするために「ミスを可視化して向き合う」という方法を解説しました。この項目で説明した〝向き合うこと〟と〝可視化〟はミスした時のみならず、ビジネスでは重要な要素なので、さらに解説をしたいと思います。

仕事をするうえで押さえておきたいフレームワークに〝**ＰＤＣＡサイクル**〟というものがあります。ご存じの方も多いと思いますが、ＰＤＣＡサイクルとは、Plan（計画）・Do（実行）・Check（評価・検証）・Action（改善）をくり返すことによって、目の前の仕事を継続的に改善していく手法のことです。

このＰＤＣＡサイクルのなかで、特に重要なのが**Check**です。誰でも日々仕事をしますからDoはどの人も行うと思います。しかし、すでに実行したことを振り返る人は非常に少ないのです。今後の成長のためにも、読者の皆さんには自分が行った仕事と向き合い、振り返りをしていただきたいのですが、その際のポイントを紹介しましょう。

①〝振り返り〟と感想は違う

ＰＤＣＡサイクルにおけるCheckとは、評価・検証すること。つまり、〝**振り返り**〟のことです。ＰＤＣＡサイクルのPlanに対して、どこまでDoすることができたのかをしっかりと振り返ることが〝検証〟というわけです。しかし実際には、検証作業をしているように見えてそうではないケースが多いものです。たとえば、事実を検証するのではなく、関係者たちの〝感想の言い合い〟になってしまうパターンがあります。

「いやあ、苦労したけど、充実していたよね」「大変だったけど成長できましたね」などと感想をいくら言い合っても検証にはなりません。あくまでも、振り返りをして「次に何をするか」「どう改善していくのか」追求していきましょう。

②〝Plan と Do のギャップ〟を特定する

Check は**計画と取り組み内容の整合性が取れているかを把握すること**が非常に重要です。そこには明確な判断基準も必要ですし、ギャップをどう理解するかもポイントです。

人間はどうしても事実を「自分が見たいように見てしまう」というクセがありますから、「まぁ、こんなもんでしょう」と安易に考えるのではなく、周囲の人たちにも協力を求めながら事実をしっかりと振り返っていくべきです。

③〝振り返るタイミング〟を細かくする

振り返りが大切です、とはいっても年に1回などというタイミングではいけません。振り返りをする目的は、**正しい改善策を導き出して成果につなげていくこと**です。であれば、そのタイミングは細かければ細かいほど良いということになります。

具体的には、月に1度ではなく「今週の目標に対する結果はどうか」「今日の目標に対する結果はどうか」などと間隔を縮めていくと良いでしょう。また、検証のタイミングを固定して習慣化するのも良いと思います。たとえば「毎週金曜日17時」などの固定スケジュールにすることで、歯を磨くかのように当たり前の感覚で振り返りをする仕組みにしてしまうのです。そうすることで、ＰＤＣＡサイクルの回転は速度を増していくのです。

この、３つ目のポイントは特に重要です。

近年、ＰＤＣＡサイクルを高速回転させる企業は増えています。特にインターネット系企業は凄まじい速さになってきていて、朝に設定した1日の目標を午後には検証して夕方には改善策を検討する、などという部署があるほどです。

いずれにしても、早いタイミングで仕事を振り返るほど成果は出しやすくなります。もともとの振り返りの間隔を縮め、できる限りタイミングを早めてみると良いでしょう。それが、新しいサイクルのスタートにもなるのです。

振り返るために〝記録〟しよう

また、仕事をしながらメモを取ることがあると思いますが、その**メモも振り返りとして読む**とさらに効果的です。くり返し読むことでメモが頭に定着しますし、そこで発生した新たな気づきを書き加えたりすることでブラッシュアップされていきます。振り返りをしなければ流れていってしまうでしょう。

さらに、自分がどんな仕事をしたのか、そしてそれぞれにどれだけの時間を使ったかという実績を記録しても良いでしょう。私たちは普段、何にどれぐらいの時間を使ったか正確に把握していないことがほとんどです。「普段やっている業務に関してどのくらい時間をかけていますか？」と聞いても、正確に答えられる人はあまりいません。そもそも私たちの時間の感覚には曖昧な部分があり、同じ1時間でもその内容によって長く感じたり短く感じたりします。

ですから、自分の時間の使い方を振り返るために記録をすると、自分の仕事の所要時間を正確に見積もれるようになっていきます。そうすると次回、より効率的な計画を立てる時に役立てることができるのです。ほかにも、**振り返りをすることで時間の使い方の改善につながる発見もある**でしょう。ぜひ〝振り返り〟を意識していってもらいたいものです。

knowledge 6

成長する人は〝優先順位〟にこだわっている

〝取捨選択〟の必要性

入社したばかりならそこまで仕事量は多くないと思いますが、明らかに仕事量が多すぎる状況になってくると、いくらミスを防ごうが、いくら振り返りをしようが、期限に間に合わなくなる仕事も出てきます。そういった場合に必要な考え方が〝取捨選択〟で、やらない仕事を決めなければいけません。やらないといっても放棄するわけではなく、仕事の1つをほかの人に依頼するとか、自分の仕事量を減らしてもらうことで仕事を回すのです。

仕事量が多くなってくると、同時並行で物事を考えなければいけないため、注意が散漫になり、意識を集中させられなくなるのが難点です。仕事の効率が悪くなってしまいます。ですから、**すべての仕事に順位づけができるようになっていると良い**でしょう。

こういった状況は2年目以降で経験することになると思いますが、1年目の頃からどんな仕事でも優先順位をつけることを心がけて取り組みましょう。

なぜ優先順位にこだわることが大切かといえば、**時間には限りがある**からです。限られた時間のなかで、どの仕事から処理すれば滞りなく進んでいくのかを経験則として理解しておく必要があるのです。

仕事の〝重さ〟と〝特性〟

では、優先順位というものをどう考えるかというと、「軽い（楽な）内容の作業」なのか、「重い（大変な）内容の作業」なのかという**〝仕事の重さ〟**、「期限が迫っている」のか「期限に余裕がある」のかという**〝仕事の特性〟**、**この2つの要素を掛け合わせ、優先**

【図6】 重要度と緊急度のマトリクス

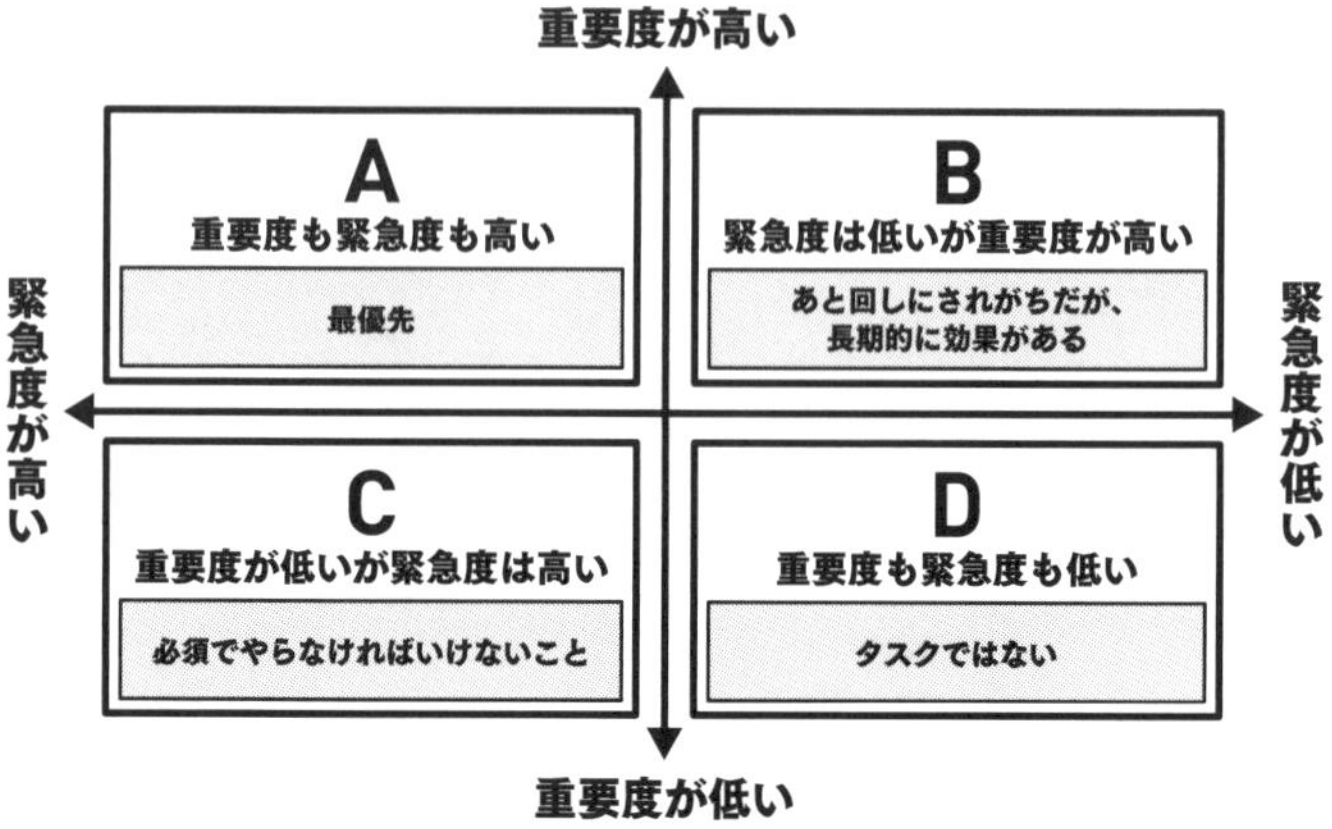

度を判断していきます。

基本的には自分で判断すれば良いのですが、初めのうちは上司と相談しながら決めると良いでしょう。仕事の内容を十分に理解していないと、自分の感覚で判断しても誤ってしまう可能性があるからです。また、どの程度の完成度を求められているのかも一緒に判断していく必要があります。

〝仕事の重さ〟とは重要度のことです。何が重要なのかという判断は入社1年目ではつけづらいですから、慣れるまでは上司や先輩に聞きながら判断するようにしましょう。

〝仕事の特性〟とは、緊急度のことです。たとえば目の前に10個のタスクがあったとします。その時、目についたものを片っ端から片づけるというのは非常に効率が悪い動き方です。そうではなく、**まず着手すべきは緊急性の高いもので、締め切りが迫っているものから対応**していかなければいけません。締め切りをすぎてしまうと、一緒に仕事をしている人に迷惑をかけてしまいます。

以上のように、重要度と緊急性を見極めて、最優先すべきものはなんなのか、締め切りが近いので必須でやらなければいけないものはなんなのか、を判断していく必要があります。

締め切り時期が同じものや、特に急がない仕事ばかりであれば、それぞれのタスクの性質に着目していきましょう。性質というのは大まかに「**クリエイティブか、非クリエイティブか**」という分け方です。企画を考えなければいけないとか、文章を練らなければいけない業務は「クリエイティブ」です。しかし、交通費精算や稟議書の作成などは「非クリエイティブ」といえます。そういった仕事の特色によって、**1日のどの時間帯に取りかかるのが適した仕事なのかを見極める**のが理想的です。

1日の時間帯によって適した仕事は異なる

以前、私が勤めていたある職場の先輩は、いつも日が暮れる時間になってから文章作成をしようとしていました。ご本人はあまり得意ではないからと、どんどんあと回しにしたようで、手をつけるのが帰宅間際になっていたのです。しかし、帰る時間がすぎてもなかなか筆が進まずに、結局はいつも残業時間に突入していました。

苦手だからあと回しにするというのは、夏休みの宿題に手をつけられない小学生のようではありますが、これは典型的な **〝時間帯〟のミス**だと思います。

人の体内リズムや脳内の意識は一定ではありません。午前中は一般的に脳みそも冴えていますから、集中して創作業務に取り組める貴重な時間帯です。この時間帯はアイデアを練るなど、考える仕事をしていきましょう。

クリエイティブな書き仕事などは、始業前に手をつけてしまうのが理想的です。始業時間をすぎると周囲から話しかけられることも多いですから、集中力にムラが生じやすくなってしまいます。始業前に仕上げてしまうぐらいの勢いが大切なのです。

お昼すぎはランチも含め人と話したり、体を動かしたりする仕事が向いています。お昼ご飯を食べると集中力も散漫になりやすいため、打ち合わせや移動時間、力仕事などに充てると良いでしょう。私は集中力を切らさないためにランチは少なめにして、人とのアポイントメントを午後に集中して入れるようにしています。

また、夕方は定型業務であったり、溜まった雑務を処理したりするのに向いている時間帯です。脳みそも使い込んで疲労感もありますが、終業時間も近づいてゴールが見えていますから、**ゴールというデッドラインを意識することで雑務の作業スピードも加速する**でしょう。

knowledge 7

“想像力”を持つことの重要性

想像力があればリスクを回避できる

自転車に乗っている時、車道を走る車が横をすり抜けたりすると「危ないなぁ」と思うことがよくありました。しかし、車の免許を取って運転するようになると、車道の横を走っている自転車に対して「危ないなぁ」と思うようになりました。人間というのは、なんとも身勝手な生き物です。

同じように、電車のなかで赤ちゃんが泣いたりすると「うるさいなぁ」と思うことがあったりしましたが、自分の子どもが電車内で泣いてしまい、周囲からの冷たい視線を感じることがありました。結局のところ、「どちらの立場にも立ってみないとわからない」わけですが、同じ経験を必ずしなければいけないかというと、そんなことはありません。私たちは人間ですから**想像することができる**わけです。

ベビーカーを押しながら電車に乗ってきた人に対して、「こんな時間にベビーカーで電車移動は大変だよな」「赤ちゃんが泣いたら周りに気を使って疲れちゃうよな」と少し想像してあげるだけで、対応は変わってくるはずです。

仕事でのトラブルも、こういった〝想像力〟が足りていないと思うことが結構あるものです。

上司の仕事ぶりに対して「あの人はわかってない」「だからダメなんだ」と居酒屋で愚痴をこぼしている光景をよく見かけます。ここで、想像してみましょう。

上司だって家族のために必死に働いていますし、役員と現場の板挟みになって毎日のように胃が痛い思いをしているかもしれません。そう考えてみたら、もっと協力的になって早く仕事を終わらせたり、良いアイデアを出したりして役に立とうと思えてこないでしょうか。
このように、想像力を少し働かせるだけで、もう少し思いやりを持った働き方ができるのではないかと思うことが非常に多くあります。

ほかにも、仕事において**想像力を働かせることで、リスクを回避できます**。たとえば他部署と意見の相違があった際、「このままだとあの人は何か言ってくるな。今のうちに先回りしてケアしておこう」というように想像すれば、事前に準備ができるでしょう。仮に問題が起きてしまっても、**想像力を働かせて事前に用意をしておけばすぐに対応することも可能**になるのです。

想像力の鍛え方

想像力が仕事に必要な能力だというのは、おわかりいただけたと思います。しかし、「そう言われても、私は想像力が乏しくて……」と思う人もいるかもしれません。ご安心ください。想像力は鍛えることができます。

想像力を鍛えるためには、とにかく頭を使うことに尽きます。

昨今はなんでも検索すればすぐに情報が出てきますし、ＡＩに質問すればさらに多くの答えが得られるので、自分の頭で仮説を立てる機会が減っている可能性があります。普段からやっていないと、必要な時に想像を膨らませることが難しくなるのかもしれません。

頭を使うとはいっても、考えることは本当にちょっとしたことで良いのです。

たとえば、コンビニで買い物をしている人を見てこの人は何をしている人なのか、次にカゴに何を入れようとしているのかを考えてみたりしても良いでしょう。ほかにも、電車のなかで目の前に座っている人がどの駅で降りようとしているのかを推測してみたりしても良いでしょう。そういったことを考える習慣をつけると、**人の細かな動きまで注視できるようになり、想像力が豊かになっていきます**。

また、もっと身近な例でいえば、自分が社長の立場だったら会社のリソースをどう配分するか考えてみたり、自分が課長の立場だったら誰にどんな役割を与えるかを考えてみたりするのも良いでしょう。そうやって**想像のなかで相手の立場に立つことで、視野が広が**

っていきますし、自分自身がその立場に立つ際の予行練習にもなるのです。

最近はSNSでも、一目で真偽がわからない情報が回ってくるようになりました。決して「へえ、そうなんだ」とあっさり真に受けることなく、「これは本当なのかな?」「出典元(ソース)や情報源は何だろう」「嘘だとしたらなんのためにやっているのだろう」などと一段深く考えてみることも、非常に重要な想像力だと思います。

knowledge

8

インプットを絶やすな

〝正しいインプット〟をし続けること

「仕事ができる人になりたい」というのは多くの人が願うことですが、そもそも「仕事ができる」というのはどういう状態なのでしょうか。

仕事をするということは、ある意味でアウトプットと言い換えることができます。アウトプットする事柄は人それぞれ違いますが、**〝質の高いアウトプット〟ができれば結果にもつながります**。つまり、仕事ができる人だと認められます。質の高いアウトプットは

〝正しいインプット〟をし続けることで可能になります。正しいインプットができていなければ、アウトプットの質は上がっていきません。

この項目では正しいインプットを行う方法について解説していきます

仕事をするにあたっては、142ページから147ページで解説したPDCAサイクルにおけるPlanのように、目指すべき「目標」があります。その**目標を達成するために必要な知識や経験を、総称して〝正しいインプット〟といいます**。目標に関係がないインプットばかりしても仕事の結果には結びつかないので、あくまで目標がベースになります。

人間の体は食べ物や飲み物によって構成されていますが、ジャンクフードばかり食べ続ければ体調が悪くなりますし、栄養価の高いものを摂取すれば体調が良くなります。それと同じことで、仕事で高いパフォーマンスを発揮したければ、達成したい目標に向かって必要な知識や経験を得ていくことが正しいインプットだといえます。インプットがなければ、そもそもスタートラインにすら立てません。さらにいえば、**インプットの質と量も重要**になってきます。このことを常に頭に置いておく必要があるのです。

質の高いアウトプットは〝三智〟でできる

では、インプットの質と量について考えてみましょう。質の高いインプットをするには、新しい情報や知識を幅広く学ぶ必要があります。その方法は大きく3つあるのですが、これは詩人で小説家でもある島崎藤村がこう表現しています。

「人の世に三智がある。**学んで得る智**、**人と交わって得る智**、**自らの体験によって得る智**がそれである」

これはつまり、さまざまな本を読み、いろいろな人に会い、実際に自分の足を運び経験することが大切だということです。

①学んで得る智

現代は情報があふれています。情報に触れている人は多いと思いますが、それは〝学んで得る智〟とは違います。あふれている情報は玉石混交ですから、ほかの誰かの経験や知識を得るためにも、できる限り**質の高い情報**に触れなければいけません。最もわかりやすいものが本です。ネットの記事などはものによって誰が書いたかわからず、真偽も定かではありません。それに比べて書籍の場合には著者もわかりますし、編集者など多くの人が携わってつくられていますので、質の高いものが多くあります。しかも2000円程度という安価な値段でインプットができますから、ぜひとも読書の習慣をつけたいところです。

②人と交わって得る智

本だけではなく、**人から得られる情報も貴重なインプット**だといえます。ただし、会社の上司など同じ人とばかり会うのではなく、ほかの会社や別の業界の人、興味のあるコミュニティなど、まったく違うタイプの人と積極的に知り合うことで、さまざまな刺激のインプットが得られるはずです。〝学んで得る智〟の延長として、気になった本の著者の講演会などに足を運んで、文字情報だけでなく、生《なま》の話を聞くというのも良いかもしれません。

③自らの体験によって得る智

最も質が高いのは、この〝経験からのインプット〟ではないでしょうか。皆さんも経験があると思いますが、旅行のパンフレットの文字情報を追うよりも、実際に現地に行って経験したほうが記憶にも残ります。旅行によって人生観が変わる人もいます。また、最新のテクノロジーを使った体験などでも同じことがいえます。アバターを使って仮想空間で社会生活を送ることができるメタバースでの体験や、仮想空間でも使用できるデジタル資産を使った購買行動などをすることで、視野が広がるはずです。また、美術館や博物館に行って文化に触れることも刺激的な経験になるでしょう。積極的に〝体験〟をインプットすべきです。

以上の〝三智〟に触れることで質の高いアウトプットができるようになるはずです。継続すれば成長にもつながりますから、ぜひとも意識するようにしてください。

本章のまとめ

- 叱られたことの意味をよく理解して素直に聞こう
- 失敗を恐れずに行動しよう
- 上手に質問をすることも重要な仕事の1つ
- 「二度と同じミスをしないために何をするか」を考えよう
- 成長するためには〝振り返り〟が大切
- 仕事の〝重さ〟と〝特性〟を把握して優先順位をつけよう
- AIにはない〝想像力〟を育もう
- 本や人、経験から質の高い情報をインプットしよう

第5章

どこでも通用する人が持つべき7つの価値観

knowledge 1

仕事はＲＰＧ。まずは経験値を高めていこう

面白いゲームをプレイするように仕事を考えよう

皆さんは、仕事というものをどうとらえているでしょうか。お金を得るための手段？人生を賭けてやるべきもの？　あまり軽く考えすぎるものでもないですし、あまり重く考えて身体を壊してしまっても本末転倒です。

前章でも「レベル1の状態でラスボスと戦うのは無理」などとＲＰＧの比喩を用いましたが、そもそも仕事とは壮大なＲＰＧのようなものだと私は思います。

ということで、仕事とＲＰＧの共通点を挙げてみましょう。

●1人ひとりの役割がある

ＲＰＧのキャラクターには個性があります。攻撃力が高い人もいれば、魔法が得意な人、防御に特化した人など、いろいろなキャラクターがいます。それぞれに求められる役割は異なりますが、それは仕事でも同じことです。**あなたに求められている役割を理解し、その部分を強化しながら日々の仕事に取り組んでいく必要がある**のです。

●ルールやマナーがある

ＲＰＧの世界には独特なルールがあります。選択できるコマンドは8個に限定されていたり、近道ができないようになっていたりします。ビジネスの世界でも、当然ながらさまざまなルールがあり、そのルールに則《のっと》って戦っていくものです。また、オンラインゲームなどでは覚えておくべき〝マナー〟も存在し、そのマナーを理解していないと冷たい目で見られることもあります。

●敵が現れる

ＲＰＧでは必ず敵が現れます。その敵をどう倒していくかが醍醐味であり、敵を倒すことで快感を得ることができます。そして、実際のビジネスの現場でも敵は現れます。

その敵は人間とは限りませんが、大抵の人が敵に遭遇すると落ち込んだり腰が引けたりするものです。しかし、**敵をどう倒していくかを考えるのが仕事だ、**ともいえるのです。

●経験値を増やす

敵を倒すことで、快感だけでなく経験値も得られます。つまり、自らのレベルを上げるには経験値が重要です。敵と戦わなければ経験値は上がらず、レベルアップもできません。レベルアップしなければ行動範囲も狭いままで、ゲーム自体がつまらないものになってしまいます。

仕事においても、**どんな部署のどんな仕事でも、自分に与えられた使命だと考え、まずは真剣に向き合って経験を積みましょう。**その経験はのちに大きな糧になっていくはずです。

●武器を手に入れる

敵を倒すために必要なのは、武器です。ＲＰＧでは特定の武器でなければ倒せない敵がいます。

ビジネスにおける武器は、スキルといっても良いでしょう。仕事をしながらさまざまな武器を身につけていくのです。社外での時間を使い、課金して特別な武器を身につける人もいます。手持ちの武器が多いほど、倒せる敵も多くなり有利になるわけです。

●パーティー（一団）を組む

ＲＰＧの種類にもよりますが、多くのゲームではパーティーを組んで力を合わせていかなければいけません。さまざまなキャラクターたちとともに、時には武器で戦ったり、呪文を唱えたり、盾で守り抜いたりするわけです。

仕事でも会社組織というパーティーで戦っていきます。自分がいるマーケットにおいて、組織全体で**チームの最適化を図りながら戦っていくもの**なのです。

●予期せぬことが起きる

ＲＰＧでは予期せぬことが頻繁に起こります。しかし、予期できてしまったら面白いゲームではありません。

仕事においても、入社1年目では思っていたことと違うこともあるでしょう。先輩たちが思っていたより冷たかったり、そもそも希望した配属先ではなかったりするかもしれません。ともすると、何年かして他部署への異動を命じられることもあるでしょう。そんな時はガックリと肩を落としてしまうかもしれませんが、会社はそもそも**1人ひとりの思い通りに動く場所ではない**のです。

●クリアを目指す

ＲＰＧには必ず「クリアする」「ボスを倒す」などの目的があります。その目的に向かって時間を投入し、経験値を上げたり、武器を手に入れたり、パーティーを組んだりしながらゴールへと突き進んでいくわけです。仕事も同様に大きな目的があり、その目的に向かって日々の経験値を高めたり、スキルを手に入れたりしていくものです。

さて、ざっと比較してもこれだけの共通点が挙げられるわけですが、ＲＰＧを攻略するように、仕事でも何か不安や不満が出た時「これはゲームだから攻略しよう」と考えられると、前向きに取り組めるのではないでしょうか。

現実の世界では安定志向の人が多いように思われますが、ゲームのなかで安定した世界が広がっていたら「クソゲー」と呼ばれてしまいます。**なんの変化もないゲームなんて、面白くもなんともない**わけです。皆さんの仕事も、面白いゲームをプレイするように考えて、前向きに楽しんでみると良いでしょう。

knowledge 2

〝自分が勝てる場所〟を狙い続けよう

どうしたら勝てるかを全力で考える

これから仕事をするうえで意識していただきたいのは、**〝どれだけの時間働いたか〟ではない**ということ。今の時代は、働き方改革という名の下に、残業時間の規制をはじめとして労働時間に注目が集まりがちですが、重要なのは**時間の量**ではありません。

また、ほかに「好きなことを仕事にしよう」といった論調もよく耳にします。「好きなことを仕事にしていれば、無理に成果なんて追う必要はない」と考える人もいるようなのですが、これも間違っています。

会社組織の一員として、**仕事をする以上は成果を追わなければいけません**。会社に所属してお給料をもらうということは、すなわち成果を求められているのです。

子どもが憧れる仕事として、昔はプロ野球選手が断トツで人気でした。

プロ野球選手がすべきことは試合に出て結果を残すことです。そうしてチームに貢献し、優勝を目指していくのです。もちろん、そこで結果を残せなければ年俸は下がりますし、怪我や体調不良で試合に出られないと戦力外通告を言い渡されたりもします。

プロ野球選手であれ、オフィスワーカーであれ、お金をもらっている以上、要求されるのは成果です。**決められた時間のなかで、完成度の高いものをいかに提供するか**。これがプロの仕事人として一番大切なことです。

長時間仕事をしたからといって、必ずしも成果が出るわけではないですし、好きだからといって成果が出るものでもありません。ましてや、嫌いだから「やりたくない」などと言うのは子どもの言動です。嫌いであっても、苦手であっても、どうしたら勝てるかを全力で考えなければいけません。ですから、〝**勝てる仕事のやり方**〟をどれだけ知っているかということが大切なのです。

"勝てる仕事"を見つけるには

仕事を進めるにあたっては、勝算を見極めることが重要です。いかに勝てるか、勝ち方を見つけるかを考えなければいけません。

紀元前5世紀頃、中国に孫子と呼ばれた兵法家がいました。その孫子は自身の教えとして「算多きは勝ち、算少なきは勝たず。而《しか》るを況《いわ》んや算なきに於《お》いてをや」という言葉を残しています。これはつまり「戦う以前に勝算が多かったほうが勝ち、勝算が少なかったほうは負ける、そもそも勝算がないようでは話にもならない」ということです。

戦う前の準備や作戦で、勝てるかどうかが決まります。ですから**事前に勝算を高めるために準備をしたり、勝てる部分を見極めたりするということが負けないために重要**なのです。

ほかにも孫子は、「勝兵《しょうへい》は先ず勝ちて而《ま》るのちに戦いを求め、敗兵《はいへい》は先ず戦いて而るの

【図7】 自分が勝てる場所の狙い方

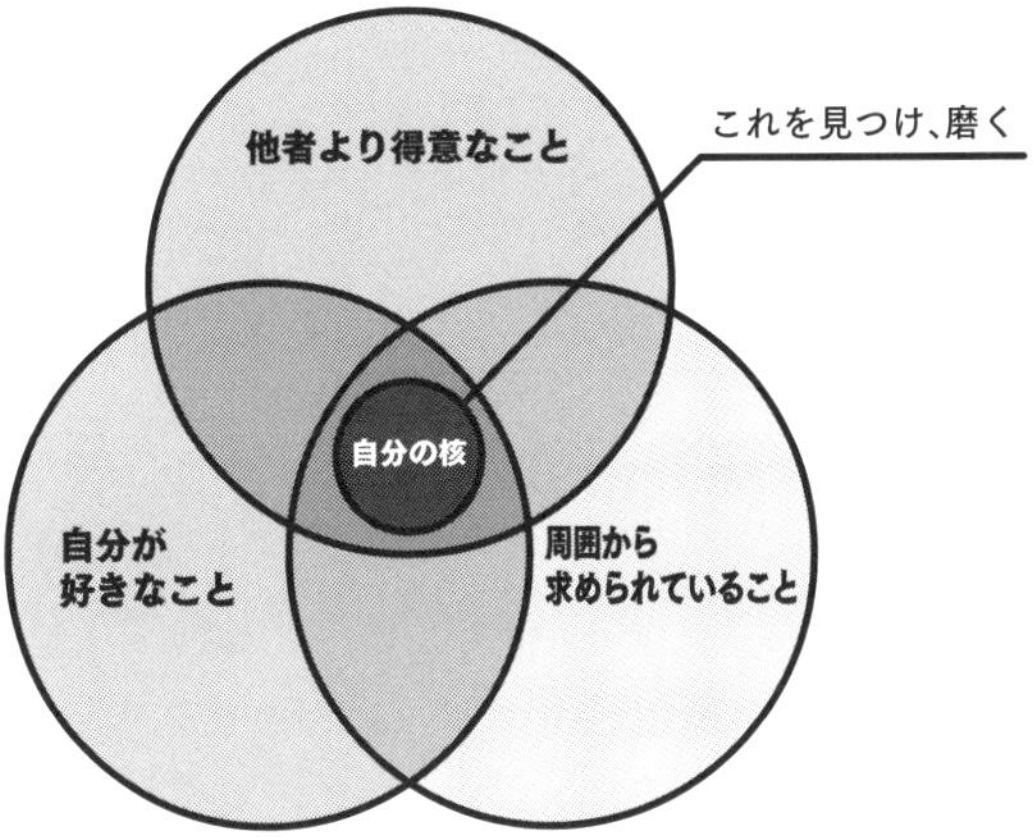

ちに勝を求む」とも記しています。これは、「勝つほうは先に勝つという見通しが立ってから戦い、一方、負けるほうは戦いを始めてからどうやったら勝てるかを考えているのだ」ということで、先ほどと同じ意味です。**戦いを始めてから「どうやったら勝てるだろうか」などと考え始めても遅い**のです。

では、勝算を見極めて〝勝てる仕事のやり方〟を見つけていくにはどうしたら良いかというと、**〝経験〟**を重ねていくしかありません。入社1年目の皆さんは、与えられた仕事をただ漫然とこなしていくのではなく、とにかく手を出していって、**自分が他者よりも優れていて、周囲からも求められる部分を見極**

めていくのです。常に自分を客観的に見て分析していくことで、ピンとくるものに遭遇するはずです。

私自身もそうでした。数年にわたって、さまざまな仕事を積極的に担当していくなかで、文章を書くことが好きで、他者よりも優れていることがわかっていきました。だから、「これが勝てる仕事だ」と考えてその部分を強化しようとしました。すると、文章を書く仕事がどんどん集まり、評判を呼び、信頼されるようになり、ついには独立することにまでつながったのです。

このように、〝他者より得意なこと〟〝自分が好きなこと〟〝周囲から求められていること〟の3要素が合わさるものが、**〝自分の核〟**です。この経験により、確固とした自分の核となるものが1つでもあれば、そこに集中して磨いていけば良いということがよくわかったのです。

ぜひ皆さんも、これから始まるキャリアのなかで経験を重ねながら、**〝自分が勝てる場所〟**を探求し続けてください。勝てる場所が見つかったら、**集中して強化する**のです。それこそが、勝てる仕事のやり方なのです。

knowledge 3

残業文化に染まらずに早く帰ろう

〝必ずやらなければいけない残業〟には問題がある

先ほども書きましたが、重要なことは時間の量ではなく、**時間の質を高めて成果につなげること**です。しかし現状では、とにかく残業ばかりで遅くまで働いている人がいるわりに、その人がハッピーではない会社も多いです。残業文化が染みついている会社の場合、帰りたくても帰れない雰囲気があるのかもしれません。

しかし、「文化や雰囲気などに染まらず早く帰りなさい」と声を大にして言いたいと思います。もしかすると、早く帰りたくても残業を強いられてしまうという場合もあるかもしれません。もしあなたがそういった環境に置かれているなら、次のようなことを考えてみてください。

①その残業は一過性のものか、慢性的なものか

残業を強いられてしまう場合、その残業は一過性のものでしょうか。たとえば、業界的に夏はどうしても忙しくなり、人手が足りないといった時期的な要因であればまだ納得がいきます。特定の時期を乗り切れば、定時退社が可能になるのであれば問題はありませんが、慢性的に残業が続いているような会社は注意が必要です。

一過性のものであれば、その時期に作業を外注してコントロールすることで残業を抑えたりもできますが、慢性的なものである場合は上司によるマネジメントが機能していない恐れがあります。

②特定の上司に強要されていないか

入社時の面接でも残業は少ないと聞いていたし、会社全体としても残業は少ないのに、

上司からは残業を求められる、ということはないでしょうか。つまり、その上司だけが残業を要求してくるというケースです。

帰ろうとしても「周りが仕事をしているのに、新人のお前は帰るのか？」などと強要してくる場合には、パワハラが疑われます。

③あなた個人に起因するものか

実際に仕事を任されて対応しているものの、先輩よりも時間がかかってしまい残業時間に突入してしまったという場合もあるでしょう。そうであれば、あなたの仕事のスピードが上がれば残業は解消されるので問題ありませんし、あなたがスピードを上げるための努力をすれば良い話です。

しかし、帰り際に大量の雑務を任されるなど、物理的にどう考えても残業せざるを得ないとなると話は別です。ある意味、②と同様、嫌がらせのように残業をさせようとする上司に原因があると考えられるでしょう。

まっとうな会社であれば、長期的に戦力になってくれることを期待して、新入社員はしっかりと育ててくれるものです。ですから、皆さんが残業をしていると、先輩社員は早く帰るように促してくれることでしょう。そもそも新入社員は、残業をしなければいけないほどの戦力にはならないのです。よほど、あなたが即戦力のスーパーヒーローでもない限り、ほとんどの新入社員に当てはまることなので、気にする必要はありません。

なので、新入社員に残業をしてもらわないといけないような会社というのは、会社として余裕がない、マネジメントが機能していないなど、なんらかの問題があると考えても良いと思います。

早く帰って睡眠時間を確保しよう

改めて言いますが、入社1年目の皆さんにお伝えしたいのは、**とにかく定時で帰る**ことを考えてくださいということです。残業するのが当たり前のような空気であれば、新人のあなたがその空気を壊してしまえば良いのです。やむを得ず残業が発生するとしても、残業時間を徐々に短くしていき、とにかく〝早く帰るキャラ〟を確立してしまうのです。場合によっては〝残業〟という常識を破壊してしまい、会社全体の空気を変えることにもつながるかもしれません。

早く帰って何をするかというと人それぞれですが、共通していえるのは89ページでもお伝えした通り**〝しっかりと寝る〟**ということは守っていただきたいものです。「定時で帰っているのに遊んでしまって睡眠不足」というのでは、帰っている意味がありません。**睡眠は人間が生きていくために何よりも重要で、私たちの生活すべての原点です。**睡眠時間を極限まで削って仕事をするのが格好いいとされていた時代もありましたが、人間は睡眠時間を削ってしまったら良い仕事はできません。皆さんはぜひともしっかりと睡眠時間を確保してください。最低でも6時間以上は寝ていただきたいものです。

しかし、どうあがいても残業を免れないとか、仕事がないのに早く帰ることを許されないなどといった環境の場合、入社1年目であっても転職を考えないといけないかもしれません。「入ったばかりなのに転職なんて……」と思うかもしれませんが、そんな会社に長くいて、身体を壊してしまったら元も子もないのです。

knowledge 4

会社の外の人と会おう

「井のなかの蛙《かわず》」になるな

「残業をせずに早く帰ってしっかりと寝ましょう」と書きましたが、それ以外の時間は何をするべきかというと、息抜きをするだけでなく、ぜひ人に会いましょう。１６２ページでも「人に会おう」と書きましたが、特に**社外の人たちと接する時間をつくる**ことは意識してもらいたいと思います。

毎日会社と家を往復して、会社で同じ人から同じような話ばかり聞いていると、どうしても視野が狭くなってしまいます。この先、それが何年も続いていくと、完全に「井のなかの蛙」状態になってしまいます。狭い見識にとらわれてしまい、ほかに広い世界があることを知らずに、「自分の住んでいるところがすべてだ」と思い込んでいる人のことを指した言葉が「井のなかの蛙」です。そんな状態になってしまうと、成長もすぐに限界がやってきてしまいます。

実際に私も入社1年目の頃から社外のセミナーや勉強会、読書会などに積極的に参加していました。そこで社外の人の話を聞くことで刺激を受けたり、自分の置かれている状況を俯瞰して冷静に分析できたりと、良いことばかりでした。さらに、そこでつながった人たちがのちに企業の役員などになり、誘われて一緒に仕事をする機会にも恵まれました。**社外に出ていくことで、とても強い人脈をつくることができた**というわけです。

ちなみに、皆さんのなかにはお酒が苦手な人もいるかもしれません。「お酒が飲めないから社外の集まりには顔を出しづらい」と思うかもしれませんが、飲まなくても大丈夫です。

私も体質的にお酒が飲めず、少しでも飲むとフラフラして具合が悪くなってしまいます。

ですから、夜のイベントや懇親会などの席ではその旨を伝えてから参加することが多いのですが、お酒を飲まない分じっくりと深い話ができることも多くなっています。

社外のコミュニティで役立つ情報や経験を得る

また読書会について先ほど書きましたが、世のなかにはさまざまなコミュニティがあります。読書会とは読んだ本を持ち寄って意見を発表し合うコミュニティで、私も興味があり参加していました。同じ書籍について深掘りをして議論などをするのがとても楽しく、自分がそこで意見や感想を言うだけでなく、いろいろな業界の人たちが自分たちの立場から異なる意見を言うので、本当に刺激的でした。こういった刺激は、会社のなかにいるだけではなかなか味わえません。会社以外のコミュニティで社外の人と触れ合うことによって、長い目で見ると**自分や会社のために役立つ情報や、経験を得ることができる**のです。

〝社外のコミュニティ〟について話をすると、入社1年目で「これからガンガン働くぞ」

と考えている皆さんからすれば、疑問に思うかもしれません。「自分の会社に貢献することだけを考えて、社内で長時間働いていたほうが評価につながるのでは」と思う人もいるでしょう。

しかし、社外のさまざまな人と交流することで、**社内では得られない広い視野や、発想力を手に入れることができる**のです。

業務終了後に活動するのが大変だという人は、ランチの時間を使っていろいろな人と会うのも良いでしょう。初めの頃は同僚などとランチに行くかもしれませんが、いつまでも同僚とだけ一緒にいてはいけません。

会社に慣れてきたら、自分とは関係のない部署の人や、先輩を誘ってランチに行きましょう。そうすることで、会社を立体的に見ることができるはずです。また、それだけではなく、可能であれば役員や社長も誘ってみても良いかもしれません。

knowledge

5

本物を知ろう

偽物しか知らない状態では成長しない

何度か書いてきたように、仕事においては〝ロジカル〟、つまり論理的な考え方が重視されますが、それとは逆の感覚的なとらえ方は一切必要ないかというと、そんなことはありません。インターネットの発達により個人が接するデータの量が爆発的に増えるなか、論理の組み立てだけでは結論を導き出すことが難しい場面もあります。そうした場面で、〝直感〟のような感覚的なセンスが判断の役に立ちます。

では、直感を磨くためにはどうすれば良いかというと、ずばり**本物を知る**ということです。本物というのは、つまり一流の人による仕事全般を指します。

たとえば、174ページで挙げた兵法書『孫子』や、孔子と弟子たちの言行録である『論語』のような古典もそうです。2000年以上も昔から語り継がれ、現代に生き残っているわけですから〝本物〟だといえるはずです。書籍であれば、ほかにもたくさんの古典の名著はありますが、読書だけでなく、プロのスポーツ選手の試合を観戦するというのも良いと思います。プロ野球選手がバッターボックスに向かう様子や、プロボクサーが敵に立ち向かって戦う様子を肌で感じると、ポジティブな刺激を受けることでしょう。

少し奮発して、一流ホテルに泊まってみたり、高級レストランで食事をしてみたりするのも良いでしょう。1泊5万円もするようなホテルに泊まると、どのようなサービスを受けられるのか、どんな人が泊まっているのかを体感できます。また、ミシュランで星がつくような高級レストランに行ってみるのも同様です。一流の接客に触れることができるはずです。

163ページの〝経験からのインプット〟の解説でも書きましたが、美術館に行くのも良いと思います。絵のことがよくわからなかったとしても、美しい絵画や美術品を鑑賞することにより、美的感覚を磨くことができるはずです。美的感覚とは、まさに直感的に美しいと感じる能力です。もちろん、美術品のことをよく調べることで、その絵が描かれた背景や、画家それぞれの個性や心理状態を知ると、より深く想像力が掻き立てられるでしょう。

こういった本物に触れるという行動は、明日からの仕事に直接的に関係してくるわけではありません。しかし、直感を養うだけでなく、**日常を客観的に見つめ直す機会になったり、自身の成長を手助けする経験になったりする**のです。

どんな仕事であってもそうですが、ある程度のスキルレベルがあれば仕事をこなすことはできるでしょう。ましてや世界最高水準のレベルなど知らなくても、やれることは多いのではないかと思います。超高級ホテルで働いているなど、一流の人を相手にする仕事でもなければ、相応な水準でもやっていけるでしょう。

しかし、自分がなれるかなれないかは別として、世のなかで求められている〝最高水準の仕事〟というものがどのようなものなのかを、自ら知ろうとすることが大切なのではないかと思います。そういったサービスや仕事ぶりに触れることで、自分のレベルの低さを知ることになったり、仕事への自覚が高まることになったりと、刺激を受けることにつながるのです。

本物を知る人は、偽物と本物を見極める目を持つことができますが、偽物しか見たことがない人は、本物と偽物の違いすらわかりません。本物を知ったうえで、場面に合わせて安い偽物をあえて選択するのなら良いのですが、**偽物しか知らない状態では自分自身が成長することは不可能です**。

そういった意味でも、積極的に外に出て〝本物を知る機会〟を増やしていただきたいと思います。

knowledge

6

一次情報に当たろう

これからの時代に重要となる〝一次情報〟とは

162ページでインプットの重要性について説明した中で、「本を読むことが大切だ」と書きましたが、この辺りをもう少し詳しくお伝えしたいと思います。

本を含め、情報をインプットしていくことは重要です。ただ、現代は情報があふれすぎています。皆さんも経験があると思いますが、Xなどでは嘘か本当かよくわからない情報が出回り、嘘の情報なのにリポストして拡散してしまって、あとから問題になるケースなどがあとを絶ちません。

そんな時代においては、〝事実〟が非常に重要性を増します。他人が言ったことや書いたことに振り回されず、**自分で事実を確認**しましょう。


ここでいう事実とは〝一次情報〟とも呼ばれます。**自分の目や耳で直接的に確認したり、実際の現場で経験したりしたことから得る情報を一次情報**といいます。

そして、自分は直接経験していないけれど、**人から伝え聞いた情報のことを〝二次情報〟**といいます。つまり、同じ「情報」であっても、**自分自身が経験して得た情報なのか、人から伝え聞いた情報なのかによって意味が違ってくる**わけです。

たとえば、皆さんが「社会人になったし、貯金でも始めようかな」と考えたとしましょう。それを先輩に相談したら「貯金なんてやめておいたほうが良い。金利なんてあってないようなもんだし、若いうちはどんどん使ったほうが良いよ」と言われてしまいました。そして、会社の帰りに銀行に寄ってパンフレットを貰って読んでみたら、「投資信託をおすすめします」と書いてあり、よくわからなくなってしまいました。

ここで例に挙げた〝先輩からの話〟と〝パンフレットの情報〟、これはいずれも二次情報です。こうした時に適した判断をするために必要なものが、実際に経験して得る一次情報だというわけです。

この場合、正しい情報を得るには、たとえば自分で株式口座を開設してみて、5万円でも3万円でも良いから、損しても良いレベルで株式投資をやってみるわけです。そこで実際に「為替が円高になると、この会社の株価は上がるのか」「この会社の株価が上がったのは、原油の価格の影響なのか」などと実践を通して学び、「これは貯金より良さそうだ」「いや、こんなことより使ったほうが自分のためになりそう」と、経験を通して一次情報を得ていくことが大事なのです。

皆さんも就職試験の対策をした経験があると思いますが、その時手に取った面接対策の本に、「こう聞かれたら、こう答えよ」というノウハウが書いてあったとします。実際の面接でそのノウハウが役に立ったかというと、必ずしもそうではなかったでしょう。

そもそも、企業は本に書いてあるような受け答えをする学生を採用したいわけではありませんし、企業の人事部も「同じようなことを聞いても、学生も対策をしてくるから意味がない」なんてことはわかっています。受かる人は1社目でも受かってしまいますし、対策という意味では、何社も面接を受けることで、やっと見えてくることも多いはずです。

　この本を書いた私が言うのもなんですが、本をたくさん読んで二次情報ばかりを集める〝評論家〟には、どうかならないでください。インプットとして本はぜひ読んでほしいのですが、本は補足やきっかけ程度にしておいて、すぐに**実践をし、そこから得られる経験を柱にすべきだ**と思うのです。

自分なりの一次情報を取りに行こう

　情報収集をすると基本的に文字による情報が多くなると思いますが、人の話を聞く時には聴覚による情報が得られます。このように、行動を起こしたり実践したりすると、視覚や聴覚だけでなく、触覚や味覚など、**すべての感覚を使って情報を得ることができる**ようになります。そう考えると、1時間使って二次情報に触れる場合と、実践を1時間行った場合では、得られる情報の質が格段に違ってくるのです。

一次情報や二次情報の話において、会社でよくあるのは〝人の噂〟です。ある他部署の先輩の噂話を真に受けて、会ってもいないのに勝手に「こういう人だ」と決めつけてはいけません。自分で実際に会ったり、話したりしてみて、初めてどういう人なのかを判断することができます。他人の人柄について、それが正しいかどうかも考えず勝手に思い込んでしまうことは、何も良いことがありません。

情報を正しく理解して活用する能力は、一般的に〝情報リテラシー〟と呼ばれます。〝ITリテラシー〟や〝メディアリテラシー〟などといった言葉もよく耳にすると思います。

テレビや新聞に載っていることが、必ずしも100％正しいとは限らないということは、皆さんもわかってきていることでしょう。あまりに疑心暗鬼になってしまうのもどうかとは思いますが、振り回されないためにも〝**一次情報に当たる**〟ということを意識していただきたいと思います。

この本を読み終えたら、ぜひ実際に仕事でためしてみて、自分なりの一次情報を取りに行くようにしてください。

knowledge 7

間違った努力をしてはいけない

〝正しい努力〟と〝間違った努力〟

仕事をするうえでは努力することが求められますが、この〝努力〟というものについて今一度考えてみましょう。努力には正しい方向性があります。皆さんはこれから〝間違った努力〟ではなく**〝正しい努力〟をしなければいけません**。では、正しい努力と間違った努力は何が違うのでしょうか。３つほど例を挙げて考えてみましょう。

①ゴールを間違えてはいないか

たとえば「CAD（コンピュータ支援設計）の資格を取る」というゴール設定をして、そのゴールに向けて努力をしているとします。しかし、そのCADの資格を取っても会社から評価されなかったり、仕事であまり役に立たなかったりしたらどうでしょうか。勉強をした努力が無駄になってしまうというか、そもそも間違っていたことになります。

そのゴール設定で正しいのかどうか、しっかりと評価されるのかどうか、事前に見極めなければいけません。

②嫌いなことをやろうとしてはいないか

その努力の対象がそもそも好きなのかどうかも重要です。大抵の人は、嫌いなことを頑張ることができません。借金返済のためや、ほかの会社に内定がもらえず仕方なくその仕事に就いている、という事情で努力したところで成果を出すことはできません。好きなことを仕事にするのは難しいことではありますが、**人間は基本的に好きなことでないと力が出ないもの**なのです。

③アウトプットをしないで終わってはいないか

たとえばバレエの練習をしている人は、発表会に向かって努力をしています。多くの人に見てもらうために日々練習に励んでいるのです。同様に、仕事で会議資料を作成する場合も、会議で使ってもらうためにつくります。

どんなに素晴らしい努力をしても、**アウトプットせず終わってしまうと意味がありません**。①のゴール設定の話に近いのですが、**最終的にアウトプットすることを前提に努力をすべき**です。

以上3つをまとめると、**〝やりたいこと〟〝好きなこと〟〝求められること〟に注力すると、正しく努力できる**といえるでしょう。やりたいけどできないことであれば、できるように努力をすれば良いですし、できることでも、求められていないことなら、満足した結果は得られないでしょう。

さらに「やりたくない、できない」と本人が思っているのに、周囲の人から求められることは、実現させるまでの間があまりにもつらく、本人のモチベーションも高くなることはないので、努力の対象としては見直すべきでしょう。

“正しい努力”をするために気をつけること

では、正しい努力をするためには、何に気をつけるべきなのでしょうか。また3つほど挙げて解説してみましょう。

①努力しているつもりになっていないか振り返る

好きなことが努力につながっているわけですから、正しい努力を重ねている人は「今日も努力しています」などと口にしたりしません。**毎日充実した気持ちで仕事に臨んでいるはずです。**

逆に、間違った努力をしている人ほど「こんなに努力しているのになぜ評価されないんだろう」と不満を口にするようになります。自分自身が無駄な努力をして成果が出ない状態を、他人のせいにして正当化したいがゆえに、口から出てしまうのだと思います。

②完璧を求めないようにする

何事も完璧にやらないと気が済まない人は、結果的に無駄なことをしていることが多いものです。仕事は〝成果〟で評価されますから、その過程でどんなに努力をしたかは関係ありません。

完璧主義の人は、自分が無駄なことに力を注いでいないかを確認したほうが良いでしょう。とにかく**ゴールすることやアウトプットしていくことにフォーカスすべき**だと思います。

③間違いに気づいたらすぐに修正する

どんなに優秀な人でも、間違った努力をしてしまうことはあります。そんな時はすぐに**その努力をやめ、正しい努力へ舵を切ることが重要です**。「せっかくここまでやったから」などと言ってしがみついてはいけません。

普段から自分自身が努力していることを振り返り、「この努力は正しいだろうか」と自問自答していくべきです。何も考えずがむしゃらに突っ走ってしまうと、時間やお金を大きくロスしてしまいます。

本章のまとめ

- 仕事をRPGに見立てて考えてみよう
- 自分の強みが生かせる〝勝てる場所〟を見つけよう
- 残業はなるべくせず、睡眠時間をしっかり確保しよう
- 外に出てほかの人と交流し、本物の情報・体験に触れよう
- ほかの人の言動に惑わされず、一次情報を取りに行こう
- 〝間違った努力〟をして時間を無駄にしないようにしよう

第6章

どこでも通用する人が将来を見据えて考えておくべきこと

knowledge 1

5年後のことで悩むより、まずは目の前のことを考える

長期的な目標を立てても意味がない

第4章で解説した〝PDCAサイクル〟の最初の内容は、Planです。これは計画を立てようということなのですが、近年Planの重要性が薄れてきています。私自身もPlanはそこまで重視する必要はないと感じていて、とにかく**Doから始めてCheckをしっかりやるべき**だと考えています。

入社1年目ですと、もしかすると先輩や上司から「きちんとしたキャリアプランを立て

なさい」などと言われるかもしれませんが、鵜呑《うの》みにしなくて良いと思います。今の時代は、長期的な目標を立てても意味がないからです。

学生時代なら大学4年間でしっかりと授業に出て、論文を書いて、就活をして……と目標を立てられたかもしれませんが、ビジネスの世界では、いつ何が起きるかわかりません。大企業であっても再編があったり、潰れてしまったり、外資系企業に買収されたり、思いもしないことが起きるものなのです。

そんな世界のなかで「5年後にこれをやります」などと言っても、その通りにできる可能性はとても低いでしょう。ですから、達成できなくてもあなたのせいではありませんし、固執する必要もありません。

たとえば、証券会社に就職して、「5年後には〝証券のプロ〟と呼ばれるために●●の資格を取って、お客さまから●億円の資産を預かって……」などと計画を立てたとします。

しかし5年後には、お金や金融という構造自体が大きく変化し、証券会社自体の経営の形が変わっているかもしれないのです。そんな時に「あの資格を取るまでは会社を辞められない。せっかく立てた目標なんだから……」などと意地になっても仕方ありません。
状況は常に変化していきます。そんな時代のなかで、**今の自分に見えている環境を前提とした計画を立てても意味がない**のです。

また、時とともにあなたの心にも変化が生じることでしょう。経験を積んでいくにつれ視野が広がり、自分が想像もしていなかった仕事をしているかもしれません。価値観も変化して、人生のなかでの優先順位が変わることもあり得ます。

私もその1人です。入社1年目の時には想像もしなかった業界で仕事をしてきましたし、こうして本を書いたり、全国で講演活動をしたり、まったく予想していなかったことを今やっています。また、入社1年目の時と比べても価値観は大きく変化していて、たとえば結婚や子どもにはまったく興味がなかったのに、今は結婚して子どももいて、楽しく子育てをしています。

今の社会に目を向けても、昔だったら想像もつかないような職業がたくさん生まれています。そんな状況からしても、「5年後のプランをしっかり立てろ」などというアドバイスは意味がないように思います。

しかし、だからといって無理に5年後を見通そうとする必要もありません。将来が不確実性であふれている以上は、長期的な目標を立てるのではなく、むしろ、**目の前の短期的目標を絶え間なくクリアしていくことを目指しましょう。**経験を積み、**どんな変化が起きようとも動じない柔軟性を身につけること**が大切なのです。仕事があっての人生ではなく、人生があっての仕事ですから、現在は5年後や10年後の自分の仕事が見えなくても、自分を取り巻く環境の変化を読みつつ、目の前の仕事に必死になっていれば良いのです。

今いる場所で、いかに評価される人間になるか

どんな仕事をするとしても、考えておいていただきたいことがあります。それは、この本のタイトルのように**「この方法はどこに行っても通用することか」という意識を常に持つ**ことです。仕事のなかには**〝自社でしか通用しないやり方〟**と**〝他業界でも通用するやり方〟**があります。ここまでお読みいただいた内容は、多くの業界で通用する普遍的な仕事の取り組み方です。これらを生かして「**現在の環境でいかに評価される人間になるか**」

を考えていってください。

目の前にある仕事から結果を出していきましょう。「ここは自分の居場所じゃない」「こんなところで仕事をしているはずじゃなかった」と嘆いているような人は、どこに行っても活躍できません。**今いる場所で評価されることが成功への近道なのです**。

仮にこの先、短期間で会社を辞めて転職することがあったとしても、短期間で何かしらの実績を出しているかどうかで、あなたに対する評価が変わってきます。単に〝短期間で辞めただけの人〟なのか、〝短期間で成果を出して辞めていった人〟なのかで大きな違いが出てくるのです。

ぜひ、目の前のことをおろそかにせず、どんな小さなタスクでも120%の本気で挑んで結果につなげていきましょう。そして、クリアすべきハードルをどんどん上げていくチャレンジ精神を持ちましょう。上司から設定される課題のハードルの高さ以上に、自分自身でより高いハードルを課して、自分の未来を切りひらいていくのです。

knowledge 2

自分の心に素直に、無理をしない

成長の足を引っ張る思考に染まってはいけない

目の前の仕事に本気で臨むうえで１つ注意していただきたいのは、「**組織のなかのくだらない思考に染まるな**」ということです。

本気で仕事に臨もうと言っているのに、染まるなというのは矛盾しているように感じられるかもしれません。

実は、会社に入って周りの人に染まることはとてもかんたんなのですが、成長する意欲がない人たちのくだらない思考に染まりきってしまうのは良くありません。染まらないためには、強く意識していないといけません。

具体的に、〝染まった〟状態とは一体どういう状態なのかというと、たとえば次のようなことです。

●「とりあえず打ち合わせをしておこう」と考える
●あとで責められたくないので、とりあえず反対意見だけ軽く言っておく
●上司の顔色をうかがいながら何事も判断してしまう
●「言ってもどうせダメだから」とアイデアを出すこともやめてしまう

まだ会社の状況がわからない新人の皆さんからすると、「こんな大人になってたまるか」と思うかもしれません。しかし、このような人が周りにいれば、知らず知らずのうちに染まっていってしまうものなのです。

会社に入ると、企業によってはマインドセットと称して、まるで〝ビジネスパーソン養

成ギプス〟をつけられたような状態になります。ギプスというのは、少しずつ補正していくものですから、あなた自身も少しずつ変化していき、**数年もすると「なってたまるか」と思っていた大人になってしまうもの**なのです。ですから、染まらないためにも強く意識をしていただきたいのです。

こうならないためにも、何度か書いてきたように、自分を客観視できるよう社外の人との交流を欠かさないようにしましょう。同じ職場の人とばかり顔を合わせて愚痴を言っていても、根本的な解決にはなりません。現状に不満を持ちながらも、馴れ合いによっていずれ同質化されてしまいます。

社外の人と交流したり、外に出て学びを深めたりして、意識的に多様なインプットをしましょう。そうしなければ、**無意識のうちに思っていた以上に影響されてしまう**のです。

黒以外の色を知るからこそ黒だとわかる

社会では、以前よりブラック企業が問題になっていますが、客観的に見れば「そんなの逃げ出せば良いじゃないか」と思うものです。しかし、実際に入社1年目でそういった会社に入ってしまうと、すぐに染まってしまい「これが社会というものだ」「どんな会社でもこのぐらい厳しいものなのだ」などと思い込んでしまいます。ブラック企業をブラックだと認識できるのは、**黒以外の色を知っているからこそです**。ですから、自分がいる位置や常識を理解するためにも、違う価値観を理解するための**複数の視点**を持っておく必要があります。

皆さんは、まず目の前の仕事を覚えようと必死になっているかもしれませんが、複数の視点を持つという意味でも、早いうちから副業を考えることも1つの手ではないかと私は考えています。

会社の常識に染まらず成長を続けていくには、視点をいくつも持ったうえで、自分で判断していくしかありません。「染まる」、「染まらない」という比喩を使って説明してきましたが、結局は「自分の心に素直になること」「無理をしないこと」「できることをやっていくこと」などが大切なのではないかと思います。

knowledge 3

入社1年目の人がお金を使うべきこと

貯金をしても意味はない

皆さんはお金があったら何に使いますか？

ある調査では、20代の7割が「お金を使うことより、貯めることに喜びを感じる」という結果だったようです。将来への不安からなのでしょうか。

読者の皆さんが、もし貯金を真っ先に考えるという場合、私からは**「絶対にやめたほうが良い」**とお伝えしたいです。20代で貯金をしても意味がないからです。その理由を説明していきましょう。

①お金に縛られた思考になってしまう

若い頃から銀行口座の残高を意識するようになると、さまざまな判断基準が〝お金〟に偏ってしまいます。やりたいことや欲しいものが見つかっても、お金がもったいないという理由で手を出さなくなります。むしろ、その考え方自体がもったいないのです。**お金に縛られて思考を狭めてしまうことは、大きな機会損失です。**

②お金に縛られた行動を取ってしまう

貯金をしようとすると支出を切り詰めますから、思考だけでなく行動も慎重になります。慎重な行動を取り続けてしまうと、当然ながら周囲からの誘いも減ってしまい、若いうちにしかできないはずの経験を逃してしまいます。これもやはり損失として非常に大きなものといえるでしょう。

③貯金をするよりも大切なことがある

よほどの技術や経験でも持っていない限り、一般的には20代で会社から支給される給料はそこまで多くないと思います。ですから、頑張って貯金をしたとしても、貯められる金額というのはたかが知れています。その一方で、環境的にも体力的にも20代でしかできないことは山ほどあります。20代のうちに貯金ばかりに精を出してしまい、**さほど幸せを感じない大人になってしまうのは絶対に避けてほしい**ものです。20代では貯金をするよりも大切なことがあるのです。

何にお金を使うか

では20代では何が大切でどんなことにお金を使うべきなのか、説明していきましょう。

①経験してみたいことに使う

何度も書いてきましたが、若いうちはいろいろなことを体験して**経験値を貯める**ことが重要です。そのために〝やってみたいと思うこと〟を大切にしてください。やってみたいことを実行して得られた経験が、今後の人生で何よりも生きてきます。

②思い出づくりに使う

自分自身の経験だけでなく、友人知人との思い出のために何か企画したり、楽しいイベントに参加したりするというのも、有意義なお金の使い方といえます。

自分が企画する際には「どうしたら人を楽しませることができるか」を考えますし、自分が参加者側であれば「どういったことなら楽しめるか」ということを学びながら経験することができます。これからは物の価値よりも**体験の価値が上がっていく時代**ですから、そういった経験は必ず役に立つでしょう。

③自分に対して使う

思い出をつくることも良い投資ですが、最もおすすめしたいのが**自分自身のビジネススキルへの投資**です。皆さんが経営者になるかどうかはさて置き、将来的に会社だけでなく個人でも収入を得ようとしたらスキルが必要になります。そういったビジネススキルを早くから学ぶことで確実に人生の選択肢が増えていきますし、20代でできる貯金額など一気に上回ることも可能でしょう。20代は学びの吸収率も高いですから、この時期に〝自分の学び〟に投資をすることで、より良いリターンが得られるはずです。

とにかく行動して、自分の価値を高めることにお金も時間も使っていってください。

knowledge 4

本を読まない人は絶対にうまくいかない

月に1冊も本を読まない人が6割以上いる

自分への投資という意味で１つ大きな声でお伝えしたいのは、「**読書をしよう**」ということです。

本を読む人が減ってきているというのは、さまざまな調査で指摘されています。たとえば、毎年行われている全国学校図書館協議会の「学校読書調査」。ここでは「１カ月に読んだ本は何冊か」という質問に対して、毎年数値に若干の変動はあるものの、過去の統計

【図8】 1カ月に読む本の冊数

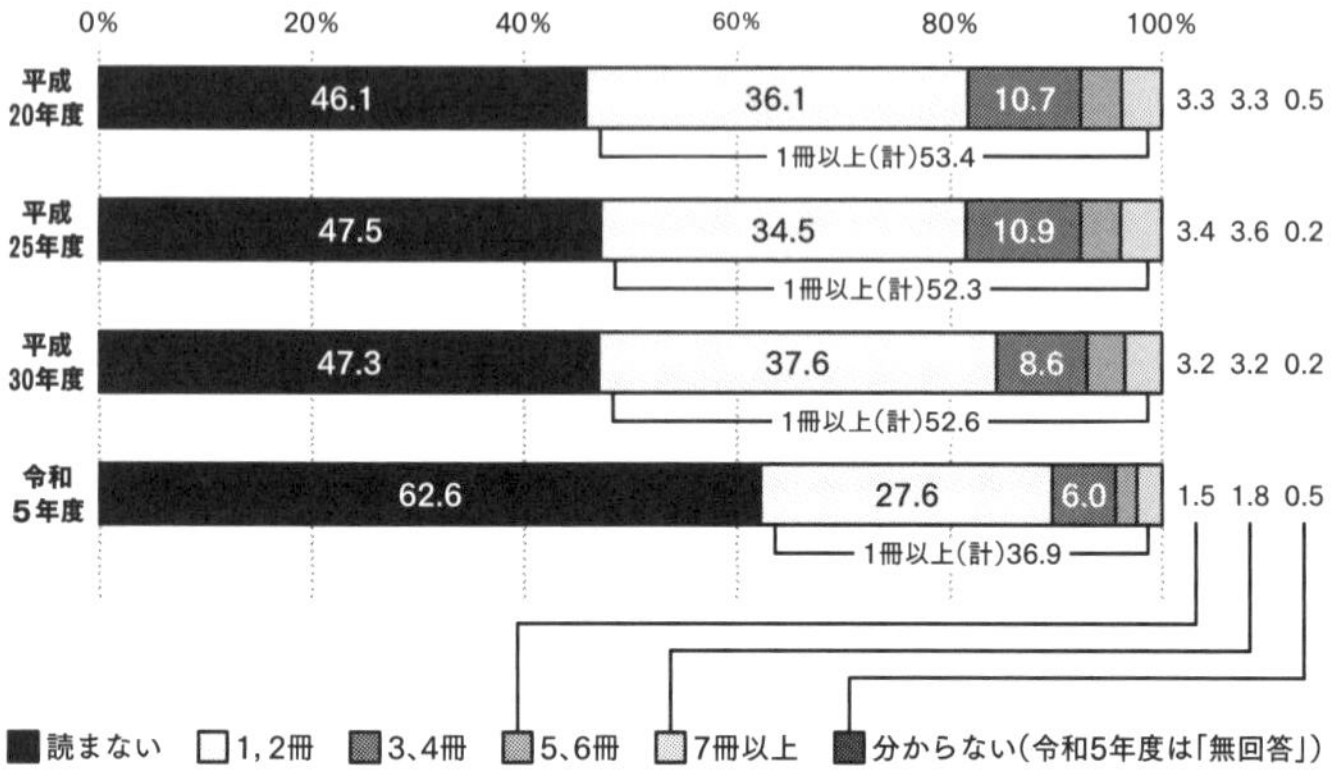

令和5年度「国語に関する世論調査」(文化庁)より

と比較すると、小学生・中学生ともに増加傾向でした。これに対して文化庁が行った「国語に関する世論調査」で、大人は「1冊も読まない」と答えた人の割合が6割以上もいたという結果が出ています。つまり、大人の読者離れが進んでいるのです。

子どもは読むようになっているのに、大人が読まなくなっているというのはなんとも寂しい話です。

ここまで読んでいるあなたはすでにお気づきかもしれませんが、**本を読まない人は絶対に成功しない**と言い切れます。

本を読んだほうが良いというのは、学校の先生をはじめ多くの人からあなたも言われてきたと思います。それでも、習慣的に読書をしている人はほとんどいません。それは、読書をしたほうが良いのはわかっているけれど、具体的にそのメリットを教わっていないからではないかと推測します。

私自身、学生時代はまったく本を読みませんでした。そうなると社会人になってからいろいろなことで苦労するようになり、先輩から「本を読んだほうが良い」とアドバイスをもらって素直に読書をするようになりました。それ以降、**人生が変わったといえるほどの変化**がありました。視野が広がり、知識とスキルも向上。その結果として、収入も増えていきました。また、新しい習慣が形成されて行動も変わり、人間関係も良好なものになっていきました。だからこそ、「読書をしたほうが良い」と胸を張って言うことができます。

どのように読書をすべきなのか

しかし、なぜ読書をしたほうが良いといわれているのでしょうか。それは、**本を読む人と読まない人では、見える世界が圧倒的に違う**からです。

人間は今の学力で差がつくのではなく、**〝学ぶ意欲〟や〝学ぶ習慣〟があるかどうかで他者との差がついたり、人生が大きく変わったりする**ものです。ですから、その習慣がない人は成長することができず、常に新しいことを学び続ける習慣を持つ人に比べ、人生の充実度が低いものになってしまいます。

これは、私があらゆる成功者に話を聞き、分析したうえで出ている結果なので間違いありません。多くの本を読む人ほど、現実の厳しさを知りながらも知識を身につけ、その打開策を見出すことができています。

それでも読書をしない人というのは、いくつかの勘違いをしていると思います。具体的にどういったことを勘違いしているのか、解説してみましょう。

①本を読む時間がない

「本を読みなよ」と言うと、大体「本を読む時間がないんですよ」と言い返されます。入社1年目の人に限らず、10年目くらいのベテランであってもこういう言い訳をします。

しかし、これは大きな勘違いで、**本を読む時間がないのではなく、本を読まないから時**

間がないのです。

経営者や優秀なビジネスパーソンなど、忙しい人ほど本を読んでいます。読書に時間を使ったほうが効率的に知識を得られ、結果的に時間に余裕がもたらされるということを理解しているためです。

時間がないという理由で読書をしないと、自分のこれまでの経験のみで物事にぶつかっていかなければいけません。そんな状態がずっと続いてしまうからこそ、どんどん時間がなくなっていくという負のスパイラルに陥っていることに気づくべきでしょう。

②速く読まなければいけない

読む時間がないという勘違いをしていると、速く読まなければいけないと思い込みがちです。同じ理解度であれば、もちろん速く読めるほうが良いに決まっていますが、理解できないのであれば、速ければ良いというものではありません。自分なりのペースで読めば良いのです。

月に何冊読んだかを自慢している人もいますが、**読書の本質は、どれだけの数を読んだかではなくて何を学んだか**ということです。**自分が読みたいものをしっかりと理解できる**

ほど読み、学びを得ることが重要なのです。読書を習慣にできるよう、まずは自分なりの読み方で読み進めていきましょう。

③難しい本を読まなければいけない

また、何を読むべきかという判断も勘違いしやすいところです。「最初に何を読んだら良いか」「難しい本を読んだほうが良いのか」などと質問されることも多いのですが、**自分が興味を持ったものから手に取って読んで**ください。

難しい本だからといって、役に立つことや良いことが書いてあるとは限りません。自分に足りないものや興味があることなど、書店で本を眺めながらピンときたものを手に取っていきましょう。

どうしても決められない人は、自分が尊敬する人や「こんな先輩になりたい」と思う人に、「おすすめの本はありますか?」と聞いてみてください。本の好みは人それぞれ違いますから、誰彼構わず聞いてみるというのは違います。その点は注意しましょう。

④最後まで読まなければいけない

「本を買ったからには、最後のページまで読まなければいけない」というのも大きな勘違いです。読書の目的は学びを得ることですから、その本から得るものがあれば、必ずしも最後のページまで読む必要はありません。

また、本を読み始めて途中から面白くなくなって読み進められなくなることもあるかもしれません。そんな時には読むのをやめてほかの本に移りましょう。**面白くないと感じるということは、今のあなたが求めていない内容だということ**です。読書時間には限りがありますから、ほかに移らなければもったいないでしょう（この本がそうならないことを願うばかりですが）。

これらの勘違いを払拭して読書をしっかりしたからといって、全員が成功者になるかというと、それも違います。読書をすると知識を学べますが、その知識は実践して初めて役に立ちます。書いてあることを理解できたなら、実際にそれをためしてみましょう。そして、**ためしてみてうまくいかなかったら、「なぜうまくいかなかったか」と考えながら修正してみる。これをくり返すことこそが、血肉となる読書**なのです。

knowledge 5

転職の判断はどうすべきか

転職したいと思った時に考えること

私が生まれた昭和の時代には、入社した会社で最後まで勤めあげて定年を迎えることが当たり前のこととされていました。いわゆる終身雇用という制度です。しかし2019年4月に日本経済団体連合会（経団連）の中西宏明氏が「正直言って経済界は、終身雇用はもう守れない」と発言し、同年5月にはトヨタ自動車の豊田章男氏も「終身雇用を守っていくのは難しい局面に入ってきた」と述べ、大きな話題になりました。大企業ですら「長く働かせるのは難しい」と言っているわけですから、**人材の流動化はこれからも加速度的に進んでいく**はずです。

そう考えると、この先、いずれあなたも転職を考える時がくるかもしれません。その時に、頭に置いておいていただきたいことがいくつかあります。

よく「入社してから3年以内の転職は不利ではないか」という話を耳にします。「石のうえにも三年」ではないですが、1つの会社に3年もいられないようでは転職する際に不利になってしまい、なかなか次の会社が見つからないという話です。

それが正しいかどうかは状況によりますが、実際に皆さんが3年以内に転職を考えた時には次のことを考えてほしいと思います。

①現在の会社を辞めるメリット・デメリットを整理する

入社1年目というのは人生で初めての経験が多いので、慣れない日々をすごしていると思います。疲れも溜まりやすく、「つらい」「辞めてしまいたい」と考えてしまうこともあるでしょう。アルバイトなどとは違うので、かんたんに辞めないほうが良いのは確かです。

新卒での就職活動とは違い、転職活動では社会人経験が評価されます。そう考えると、入社して早々に退職してしまうと、どこへ応募しても印象が悪く見られる可能性が出てきてしまうのです。

入社して間もないけれど転職したい場合には、慎重に現在の会社を辞めるメリット・デメリットを整理してください。**なぜ辞めるのか、辞めることでどうしたいのか、辞めた場合のデメリットは何か**、できれば1人で抱え込まず**信頼できる人に相談**していただきたいと思います。さらに欲を言えば、同じ業界で転職経験がある人に相談できるとベストです。

②健康を損なうなら早めに辞める

辞めたい理由として「仕事を続けるのがつらいから」という場合、その原因が何にあるのかを冷静に探ってみてください。たとえば、違法な長時間労働であったり、サービス残業を強いられていたり、違法性が見受けられるようであれば話は変わってきます。特定の上司によるパワハラやセクハラなども同様です。

俗にいう〝ブラック企業〟のような環境で苦しんでいるのであれば、慣れてしまう前に早めに逃げるという判断を下すほうが賢明でしょう。この場合、会社の上司に相談しても

「今辞めても損をする」「ここにいたほうが自分のためだ」などと言われるかもしれませんが、**あなたの健康を損なってしまっては仕事どころではありません。**速やかに辞めましょう。

③合わないのなら変えられないか相談する

違法性はないけど人間関係で悩んでいるとか、仕事内容がどうしても合わないということはあり得ます。そういった場合は、会社を辞めずとも人事異動などによって問題が解決できるかもしれません。

私自身、入社して8カ月くらいで配置転換になり、支店を異動することになりました。しかし、異動先での人間関係がうまくいかず、通勤時間も倍以上になってしまってつらくなったので、上司に相談しました。何度か話し合いをした結果、上司の働きかけのおかげで元の支店に戻ることを許されたのです。

元の支店の先輩とは初めの頃はぎくしゃくしましたが、そのうちに気持ち良く仕事ができるようになっていきました。

いずれも、**問題解決のかぎは原因が何にあるのかをはっきりさせるということにある**とわかりました。

単に「異動させられたことに不満がある」などと言ってしまうと「会社組織なのだから仕方がないだろ」と一蹴されてしまいます。私の場合は、異動したことによって人間関係が合わなくなったり、通勤時間が伸びて健康上の問題が起きたりしたことを、冷静かつ具体的に上司に説明したことで納得してもらうことができ、解決するために動いてもらえました。

会社にとっても人材不足のなかでせっかく雇用した新人ですから、可能な限り気持ち良く働いてもらいたいと考えてくれているはずです。感情的にならず、何が原因で働きづらさを感じているのか、しっかりと判断するようにしましょう。

knowledge 6

無数の選択肢のうえに〝今〟がある

過去の選択を悔やまなくて良い

皆さんは、書店で数ある書籍のなかからこの本を手に取り、そして今この文章を読んでくださっています（本当にありがとうございます）。それと同じように、人は常にさまざまな選択をくり返しながら〝今〟を生きています。

時には選択に悩み、人に相談したりすることもあったでしょう。

私たちはそれぞれ、多様な人生を背負いながら今を生きていますが、なかには経済的に余裕がなく、十分に勉強ができなかった人もいたでしょう。ほかの人と自分を比べて、つらい思いをしながら学生生活をすごしてきた人もいるかもしれません。どんな家庭で生まれ、どう育っていくのかは誰にもわかりませんし、自分で決めることはほとんどできません。

そのなかで、「あそこで選択を誤った」と後悔することもあったかもしれません。入社1年目を迎え、「この会社で本当に良かったのだろうか」とか、そもそも「もっと良い大学に入っていれば」などと後悔や不安を感じている人もいることでしょう。

しかし、過去の選択を後悔したり、悩んだりする必要はもうありません。今まで決定してきた選択は、その時に「その選択が一番良い」と思って選んだものです。

人間は過去の自身の経験をもとに、何を選択するかを決めます。**経験を重ねることで、自然と選択するものが決まる**のです。その人としては最善の選択をしているわけですし、**どんな結果であれ、その人の経験として次に生かされる**はずです。また、人は常に学びながら、〝人生の選択〟がうまくなっていくものです。だから、**過去の選択について悔やむ必要はない**のです。

自分自身の道をひらくために

世のなかにはたくさんの人々が存在していますが、**そのなかでどんな人と出会うかも私たちには決められません**。無数の偶然の積み重ねがあってその人と出会います。今いる会社についても、無数の偶然の積み重ねがあってそこにいるわけです。

これからの会社のなかでの出来事についても、自分ではコントロールできないことの連続になることでしょう。配属先がどこなのか、上司が誰なのか、同僚はどんな人なのか、誰にもわかりません。これも自分では決められないことですから、あなたは受け入れるしかないのです。**与えられた環境のなかで、いかに適応していくかを考えていく**べきです。

もちろん、仕事ですからつらいこともあるかもしれません。私もつらいことはいくつも経験してきました。そういった局面がきたら、物事の受け止め方について考えてほしいと思っています。

どんなに腹が立つことがあっても、不満があっても、「なんでこんな目に」「ムカついた、やってられない」などと言う前に、**「この状況を打破するにはどうしたら良いんだろう」と考え**て、目の前のことに集中し、クリアしていきましょう。そうすることで道は開けていきます。

もし過去の選択が異なっていたら、今のあなたはこの世にいなかったかもしれません。そう考えると、これまでの選択は間違っていなかったと思えるはずです。

そして自分が、困難ななかでもより良い選択をしてきたからこそ〝今〟があることを理解し、その状況を受け入れ、目の前のできることに集中しましょう。それこそが、これからの時代に道をひらく術《すべ》だと思います。

仕事での学びを生かして、これから先の人生をより良いものにしていきましょう。

本章のまとめ

- 現在の環境でいかに評価される人間になるかを考えよう
- 会社の常識に染まらずさまざまな〝色〟を知ろう
- 貯金よりも経験値を買うために〝自己投資〟しよう
- 読書は自分が興味がある本から手に取ろう
- 転職を決意する前に冷静に状況を見極めよう
- 目の前のことに集中し、「どう良くしていくべきか」を考えよう

おわりに

さて、『どこでも通用する人は入社1年目に何をしているのか』というタイトルのもと執筆してきましたが、ここで1つタイトルに関してお伝えしておきたいことがあります。

この本の内容を使えば大抵の会社ではやっていけると思いますが、厳密にいえば「通用するかどうか」というのは、たとえ同じ業界であっても、同じ職種であっても、下手をすると先輩や上司が違うだけで評価が大きく変わってしまうこともあります。ですから、皆さんの状況に合わせて、少しずつ調整してください。

この本に書いてあることを実行して、それでも通用しないのであれば、自分の居場所が合っていないのだと考えても問題ないと思います。現状の評価だけで、『自分はダメなんだ』と決めつけてはいけませんよ。

シリコンバレー界隈には、〝Right time, right place.〟という言葉があるそうです。これは日本語に直訳すると「適切なタイミングに、適切な場所にいる」ということ。つまり、正しい動きをしているはずなのに評価されない、結果がついてこないという場合、タイミングが違うのかもしれないし、居場所が違うのかもしれないと考えられます。

私自身も経験がありますが、〝成功〟の大半は、正しい時に、正しい場所にいることでもたらされるのだと思います。

ただ、SNSが発達した現代だと、周りを見て「あの人は楽しそうに仕事をしているな」とか「あの会社に入社できて羨ましいな」と思うこともあるでしょう。ほかが良く見えてしまうのはSNSの弊害ではありますが、正解は自分でつくるしかありません。誰かに与えてもらうものではないですし、他人の正解が、自分にとっての正解になるとも限らないのです。

学生時代には選択式のテストで良い点が取れていたかもしれませんが、社会に出ると回答用紙は選択式ではなく自由記述式がほとんどです。自ら考えて、自らの手で書いていかなければいけません。

その考えるきっかけとしてもらうために、この本を書きました。この本に書いたのは、実際にこれまで私が続けてきて感じたことや効果があったことばかりですから、きっと皆さんにも役に立つはずです。読んで終わりにするのではなく、ぜひ〝行動〟に変えて仕事に励んでいただきたいと思います。応援しています。

そして、これまでともに仕事をしていただいたすべての方に感謝します。皆さまからのご指導や激励がなければ、この本を書くことはできませんでした。

私も入社1年目から、大きな失敗や挫折を味わってきました。時にはすべてを投げ出して辞めてしまいたいと思うこともありました。しかし、この本を書き上げたことで、すべてが報われたような気がします。

いつか自分の子どもがこの本を読み、どこでも通用する人材に育ってくれることを願いながら、筆を置くこととします。

原マサヒコ

参考文献

●『道をひらく』松下幸之助／著（PHP研究所）
●『スティーブ・ジョブズ』ウォルター・アイザックソン／著、井口耕二／訳（講談社）
●『マネジメント　エッセンシャル版　基本と原則』ピーター・F・ドラッカー／著、上田惇生／訳（ダイヤモンド社）
●『小さな習慣』スティーヴン・ガイズ／著、田口未和／訳（ダイヤモンド社）
●『エッセンシャル思考　最少の時間で成果を最大にする』グレッグ・マキューン／著、高橋璃子／訳（かんき出版）
●『ブルシット・ジョブ　クソどうでもいい仕事の理論』デヴィッド・グレーバー／著、酒井隆史、芳賀達彦、森田和樹／訳（岩波書店）
●『どんな仕事も「25分＋5分」で結果が出るポモドーロ・テクニック入門』フランチェスコ・シリロ／著、斉藤裕一／訳（CCCメディアハウス）
●『デッドライン決断術 - ムダな仕事はネグれ！』吉越浩一郎／著（祥伝社）
●『ようこそ！　FACT（東京S区第二支部）へ（1）』魚豊／著（小学館）
●『トヨタで学んだ自分を変えるすごい時短術』原マサヒコ／著（かんき出版）
●『ACTION！　トヨタの現場の「やりきる力」』原マサヒコ／著（プレジデント社）

原マサヒコ（はらまさひこ）

プラス・ドライブ株式会社 代表取締役
1996年、神奈川トヨタ自動車株式会社に現場メカニックとして入社。5000台もの自動車修理に携わり、技術力を競う「技能オリンピック」で最年少優勝に輝く。さらに、カイゼンのアイデアを競う「アイデアツールコンテスト」でも2年連続全国大会出場を果たすなど活躍。

活動の場をIT業界に変えると、PCサポートを担当したデルコンピュータでは「5年連続顧客満足度NO.1」に貢献。

インターネットベンチャーやフリーランスなどの経験を経て2019年にマーケティング会社「プラス・ドライブ」を設立し、現在は多くのクライアント先に対して付加価値を提供している。

また、全国から講演依頼を年間で50回以上受け、「トヨタの現場ノウハウ」や「若手のキャリア構築」について講演することをライフワークとしている。

著書に、『人生で大切なことはすべてプラスドライバーが教えてくれた』（経済界）、『どんな仕事でも必ず成果が出せるトヨタの自分で考える力』（ダイヤモンド社）、『ACTION！ トヨタの現場の「やりきる力」』（プレジデント社）などがある。


〈原マサヒコ公式サイト〉http://www.haramasahiko.com/

本書は『入社1年目の心得』（総合法令出版刊）の内容を加筆・修正したものです。

どこでも通用する人は入社1年目に何をしているのか

2025年3月21日　初版発行

著　者　原マサヒコ
発行者　野村直克
発行所　総合法令出版株式会社
〒103-0001 東京都中央区日本橋小伝馬町15-18
EDGE小伝馬町ビル9階
電話　03-5623-5121
印刷・製本　中央精版印刷株式会社

落丁・乱丁本はお取替えいたします。

ISBN 978-4-86280-985-8
総合法令出版ホームページ　http://www.horei.com/